AF546455

Die Herausgabe dieses Werks wurde gefördert durch TRADUKI, ein literarisches Netzwerk, dem das Bundesministerium für Europa, Integration und Äußeres der Republik Österreich, das Auswärtige Amt der Bundesrepublik Deutschland, die Schweizer Kulturstiftung Pro Helvetia, die Interessengemeinschaft Übersetzerinnen Übersetzer (Literaturhaus Wien) im Auftrag des Bundesministeriums für Kunst, Kultur, öffentlichen Dienst und Sport der Republik Österreich, das Goethe-Institut, die Slowenische Buchagentur, das Ministerium für Kultur der Republik Kroatien, das Ressort Kultur der Regierung des Fürstentums Liechtenstein, die Kulturstiftung Liechtenstein, das Ministerium für Kultur der Republik Albanien, das Ministerium für Kultur und Information der Republik Serbien, das Ministerium für Kultur Rumäniens, das Ministerium für Kultur von Montenegro, das Ministerium für Kultur der Republik Nordmazedonien, das Ministerium für Kultur der Republik Bulgarien, die Leipziger Buchmesse und die S. Fischer Stiftung angehören.

Erstdruck 2016, Fishta, Tirana

Originaltitel: Secili cmendet sipas menyres se vet

Postfach 120307 | 10593 Berlin
www.transit-verlag.de

Umschlaggestaltung, unter Verwendung
eines Fotos von Pjetër Rraboshta,
Nationales Fotomuseum »Marubi«, Shkodra,
und Layout: Gudrun Fröba
Druck und Bindung:
GGP Media GmbH, Deutschland
ISBN 978-3-88747-390-7

Stefan Çapaliku

Jeder wird verrückt auf seine Art

Aus dem Albanischen übersetzt von Zuzana Finger

ROMAN : **TRANSIT**

Inhalt

Davor

1

Kurze Hose, schwarz, auf dem Rücken gekreuzte Hosenträger, weißes Hemd, weiße kurze Socken, kaffeebraune Ledersandalen. Blond, lockige Haare, lockige Haare…

Ich. Ich.

Weißes Kleid mit blauen Punkten, ärmellos, knielang, weiße Ledersandalen, groß, blond, wellige Haare, wellige Haare…

Mami. Sie.

Meine Hand in ihrer. Zufrieden. Weit geöffnete Augen. Große Neugier. Und dann … und dann…

Ein großes Eisentor, ringsum Betonmauern, darauf Stacheldraht. Soldaten oder Polizisten mit Gewehr. Große Hitze. Hohe und senkrechte Wachhäuschen voll mit Wachen auf allen Seiten, auf allen Seiten…

Wachen. Sie.

Ein großer und magerer Mann, mit kahlem oder rasiertem Kopf, im Pyjama, in keinem richtigen Pyjama, sondern in einer gestreiften Hose und Jacke aus Sackleinen. Weiß, weiß…

Der Onkel. Er.

Ich wusste nicht, was Er dort macht, aber später, vielleicht ein paar Jahre später, wusste ich, dass der Ort ein Gefängnis war, und dass Er, mein Onkel, der Doktor, eingesperrt war, ganze zehn Jahre lang.

Meine Erinnerungen beginnen also mit einem Gefängnis. Früher fand ich es furchtbar. Wie kann die erste Erinnerung ausgerechnet ein Gefängnis sein?! Aber das gibt es. Ist die Erinnerung selbst nicht auch ein Gefängnis? Das Gefängnis der Erinnerung. Und jetzt denke ich, dass ich Glück habe…

Ich weiß, dass das irgendwo in den Bergen in der Mitte von Albanien war. Ich glaube, dass der Ort Belsh hieß.

Dann die Rückfahrt mit einem Laster nach Tirana. Ich saß auf ihrem Schoß, im Fahrerhäuschen aus Blech eines sowjetischen ZIS. Sehr schön. Überall Bäume und gewellte Landschaft. Hügel. Üppige Natur. Grüne Täler, durch die Wasser fließen. Und fließen…

Ich weiß nicht, wann wir in Tirana ankamen. Wahrscheinlich erst spät in der Nacht. Dort wohnten meine Großeltern von Mamis Seite und der zweite Onkel, der jüngere. Alle drei in einer schrecklich kleinen Wohnung aus roten Ziegeln. Man hat ihr Haus abgerissen, das der Opa im Zentrum von Tirana gebaut hat, als er Anfang der dreißiger Jahre aus dem Süden gekommen war. Sie wurden in diese Wohnung zusammengepfercht, irgendwo in der Nähe des Platzes 21. Dezember. Die Leute nennen den Platz noch heute so, ohne zu wissen, dass der 21. Dezember der Geburtstag von Stalin war.

Am nächsten Tag schien wieder die Sonne. Wir laufen durch Tirana. Sie kauft ein Weißbrot, und dann sind wir am Busbahnhof im Stadtzentrum. Es gab dort noch aus dem Krieg eine kleine Flotte von italienischen Bussen der Marke »Viberti«. Ein großer dicker Mann, rote Haare, roter Schnurrbart, schlecht angezogen, steigt als erster in den Bus ein und setzt sich in die erste Sitzreihe. Er ist offensichtlich aus den Bergen. Nach ihm steigt gleich der nächste ein und fordert ihn auf, den Platz zu räumen. Der Mann aus den Bergen steht schweigend auf und setzt sich in die zweite Reihe, die er wieder räumen muss, weil ein anderer dort seinen Platz hat. Der Mann aus den Bergen steht langsam auf und fragt den Fahrer:

»Fahren denn heute alle nach Shkodra, Mann?«

Auf Anweisung des Fahrers geht der Mann mit den roten Haaren und dem roten Schnurrbart still durch den Bus und lässt sich irgendwo ganz hinten auf einen Sitz fallen.

Die Straße nach Shkodra ist malerisch, es geht auf und ab bis zum Pllana-Pass, wo es scharfe Kurven gibt, rund wie ein Kompass.

Auf der Rückseite des Sitzes vor mir eine verchromte, vollkommen zerkratzte Metallhalterung, auf der ich meine Hände und meine Stirn aufstützen kann. Starker Geruch nach Kraftstoff, Kurven, unruhiger Magen und ein endloses Erbrechen…

2

Shkodra?!!! Was für eine Frage… Wie soll ich es nur erklären?!!!

Es gibt auf der Welt viele schöne Städte an schönen Orten; es gibt auf der Welt viele schöne Städte an hässlichen Orten; es gibt hässliche Städte an hässlichen Orten; aber man findet kaum eine so hässliche Stadt wie Shkodra, die am schönsten Ort der Welt erbaut wurde.

Shkodra also, es ist nicht hässlich, wenn man es für sich betrachtet oder wenn man die Möglichkeit hätte, es an einen anderen Platz zu versetzen. Ganz im Gegenteil, Shkodra ist schön, das heißt bescheiden schön… Aber das Problem ist, dass der Ort, an dem es erbaut wurde, so schön ist, so wunderschön, dass man die besten Architekten und Stadtplaner auf der ganzen Welt zusammenholen hätte müssen, um eine Stadt zu errichten, die der Landschaft ebenbürtig ist.

Wie unter diesen Umständen unschwer zu erraten ist, vertieft sich der Unterschied zwischen der Stadt und der Landschaft Tag um Tag zu einer immer schrecklicheren Kluft. Dieser Gegensatz zwischen Gottes Schöpfung und dem menschlichen Werk ist die heftigste Empfindung, die beim Anblick der Stadt ausgelöst wird. Manchmal scheint es sogar, als hätte der Mensch, dumm, gemein und hinterhältig, wie er ist, mit seinem Wirken der Natur den Krieg erklärt.

Shkodra ist eine von Süßwasser umgebene Halbinsel. Vom Westen her wird es vom größten See des Balkans umspült, dem auch der herrliche Fluss Buna nur neun Meter über dem Meeresspiegel entspringt, einundvierzig Kilometer mäandert und sich dann ins Meer ergießt.

Aus dem Osten kommt der Kir geflossen, ein eigensinniger Fluss, der im Winter sichtbar und im Sommer unsichtbar wird und um sich herum Kies hinterlässt, aus dem die meisten alten Häuser und Hofmauern in der Stadt gebaut wurden. An der Spitze der Halbinsel vereinigt er sich irgendwo mit einem Arm vom Drin, der vom Süden herkommt, und beide münden zusammen in die Buna.

Am Horizont dieser Halbinsel stehen im Norden die majestätischen Alpen mit den Gipfeln Cukal, Maranaj und weiteren tiefer im Gebirge. Und gemeinsam mit den Alpen leben dort an der Vorderseite der Stadt auch die Legenden, Märchen, Balladen, epischen Männerlieder, historischen Tänze und Trachten, Sprichwörter, Kegeloboen, Lauten und Zauberflöten.

Im Süden ist die Stadt von tieferliegenden Dörfern mit sanften Hügeln und Weinbergen umgeben, die von rotwangigen, gutmütigen Menschen bewohnt werden. Im Westen der Stadt lebt die muslimische Bevölkerung, im Osten die katholische. Unter kulturellem Aspekt ein Paradox. Aber so ist Shkodra.

Zwischen diesen zwei großen Gemeinschaften lebt noch eine dritte, die orthodoxe, die so klein ist, dass sie angeblich nie aus mehr als hundert Familien bestand. Sie ist klein, aber keineswegs unwichtig.

Wenn mein Opa meine orthodoxe Mutter ärgern wollte, sagte er, dass nur eine Zwiebelschale die Orthodoxen von den Muslimen trennt.

Statt sich in beide Richtungen auszubreiten, rückt sie im Gegenteil in der Mitte zusammen. Der Mittelpunkt der Stadt ist so stark, dass er eine Anziehungskraft für die religiösen Identitäten besitzt, die sich nicht erklären lässt. Sie bewirkt, dass die verschiedenen Bevölkerungsteile friedlicher miteinander leben als mit ihresgleichen.

In der Taille magerte die Stadt ab, weil sie Abstand zum Wasser hielt. Aus Armut und Angst? Die Gewässer erinnerten sie jeden Winter mit deutlichen Zeichen daran, dass sie da sind und dass sie sich vor ihnen nicht verstecken kann. Dieser Konfrontation wich die Stadt immer mit Humor und Witzen aus.

Die Witze waren auch angesichts anderer Probleme eine Lösung. Die Stadt hat so viele Witze und soviel Humor hervorgebracht, zumindest im letzten Jahrhundert, dass sie daran anscheinend selbst zugrunde ging…

3

Mir schien, dass unser Haus das größte und auch das älteste im Viertel war. Zweigeschossig, mit einer Außentreppe aus Stein, mit einem Vorhof und einem großen Garten neben und hinter dem Haus.

Im Erdgeschoss waren kaum Wohnräume, sondern es war eine Art Scheune, ein architektonisches Überbleibsel aus osmanischer Zeit. Was konnte man darin alles finden! Altes Gerümpel, das niemand mehr brauchte. Alles, was von Opas Werkstatt und dem Café seines Bruders Tom nach ihrer Enteignung durch die Kommunisten übrig geblieben war.

Von Opa gab es dort viel Werkzeug und Schuhleisten von Größe 35 bis 45. Sie wurden auf einem Bord vorne beim Eingang der Scheune aufbewahrt und lagen unter Spinnweben wie eine Sammlung von Weinflaschen.

Von seinem Bruder lagerten dort ein Holzfass und ein Eisschrank aus der Zeit vor der Elektrizität. Außerdem leere Flaschen von Doppio Kümmel, Rum, Cinzano, Fernet-Branca u.a.

Auch das Holz für den Winter sowie Hobelspäne und entkörnte Maiskolben wurden dort aufbewahrt, die, wie mir meine Oma erklärte, zum Feueranzünden und zum Nachlegen verwendet wurden.

Im Erdgeschoss befand sich außerdem das Besuchszimmer, in dem auch gekocht wurde, sowie die große Sommerküche, in deren Ecke auf einem runden Tisch aus Onkel Toms früherem Lokal ein Petroleumkocher stand. Unterhalb der nach oben führenden Steintreppe war das Bad. Eisigkalt, schwarz betoniert und ausgestattet mit einer ölbeheizten Dusche. Sie war eine zeitgenössische Erfindung, weil bei uns die Dampf-, Gas- und Elektroheizung noch nicht eingeführt worden waren. Dann gab es noch einen Kleiderhaken und sonst nichts.

Das erste Stockwerk war schon viel wohnlicher. Die Treppe führte in einen Erker, und von dort betrat man durch eine alte Tür die Veranda, die wie eine Galerie aussah, von der die Zimmer abgingen. Es waren fünf große Zimmer und zwei Bäder. Zwei der Zimmer gehörten uns. Im hintersten Zimmer schliefen Oma und Opa, im großen Zimmer Papa, Mama, meine Schwester und ich, und drei Zimmer gehörten Onkel Tom und seinen Söhnen Tonin und Frederik. Auch sie hatten dort eine Küche.

Der einzige Bruder meines Vaters, der sechzehn Jahre jüngere Çezar, studierte zu der Zeit, als meine Erinnerungen beginnen, Bauwesen in Tirana.

Architektonisch war es also ein halbstädtisches Haus, das versuchte, städtisch zu werden. Aus dem Erker waren die Häuser der Nachbarn zu sehen, und wenn man den Hals reckte, sah man auch die große Straße, die linkerhand zu den Neuen Läden und rechterhand zur Großen Kirche führte.

Ich weiß nicht, warum unser Haus so beliebt war. Vielleicht dank unseres großen Freundeskreises, vielleicht dank... Ich weiß es nicht. Das Haus war immer voller Menschen.

Die einzige Person, die seit einem Monat fehlte, war mein Vater. Er hatte das außerordentliche Glück, für eine sechsmonatige Fortbildung nach Rumänien entsandt worden zu sein. Als Agronom war er am Projekt des Landwirtschaftsministeriums beteiligt, in Shkodra ein Institut zur Erforschung der Maispflanzen zu gründen.

Obwohl er abwesend war, kamen seine Freunde auch weiterhin und fragten, ob wir mit ihm wieder einmal telefoniert hatten und ob es Neuigkeiten gibt.

4

Ein neues Schuljahr begann. Meine Schule befand sich unmittelbar hinter unserer Hofmauer.

Es war eine der Stunden in der zweiten Klasse, in der über alles Mögliche gesprochen wurde und gerade ein wenig über Erdkunde. Ich saß in der vordersten Bank bei der Tür. Das war eine Art ritterliche Geste, als wollte ich der Lehrerin und allen anderen auch mitteilen, dass ich diesen Platz habe, weil ich mich vor nichts fürchte. Ich wartete an jenem Montag darauf, dass mich die Lehrerin an die Tafel holt, als die Tür aufging.

Das passierte im Unterricht sehr selten. In der Tür erschien der stellvertretende Schuldirektor mit einem Mann im weißen Kittel. Der stellvertretende Schuldirektor, ein dicker grober Klotz mit Kropf und dünnem langem Schnurrbart, flüsterte der Erdkundelehrerin etwas ins Ohr und wandte sich dann zu uns:

»In unsere Schule sind Zahnärzte gekommen. Sie haben ihre Instrumente mitgebracht und werden euch untersuchen.«

Er schob seine Zahnprothese vor, fügte: »Mens sana in corpore sano«, hinzu und übersetzte es auch gleich: »Ein gesunder Geist in einem gesunden Körper«.

Ich erschrak, ich krümmte mich zusammen, ich wurde ganz klein, ich wusste nicht, was in mir vorging, aber in diesem Augenblick war ich nicht mehr ich selbst. Der weiß gekleidete Mann verwandelte sich in ein Gespenst.

Der stellvertretende Schuldirektor griff nach dem Klassenbuch und las die ersten fünf Namen vor. Ich war der zweite. Er lächelte wieder, sein Schnurrbart glänzte, und er verkündete:

»Die, deren Namen ich vorgelesen habe, gehen mit dem Doktor mit. Die anderen kommen später dran. Einer nach dem anderen.«

Ich stand auf. Die anderen erhoben sich auch, und wir folgten dem Gespenst in den schmalen Schulkorridor.

Aleks, der dritte auf der Liste, mein Hausnachbar, mit dem ich zusammen die Ferien verbrachte, sah mir in die Augen. Ich erwiderte seinen Blick. »Sie haben auch ihre Instrumente mitgebracht«, flüsterte Aleks, »sie machen uns alle.« Ich schlich weiter durch den langen Korridor, holte tief Luft und schlug ihm vor:

»Lass uns abhauen!«

»Lass uns abhauen!«, echote Aleks und wir bogen nach links ab, wo es zur Turnhalle und zu den Mädchentoiletten ging.

Das Gespenst hatte das nicht bemerkt, genauso wenig wie die drei Mädchen, die ihm freudig folgten. Wir warteten einfach das Ende der Erdkundestunde ab und wollten danach in den Klassenraum zurück. Aleks hatte einen Apfel in der Hosentasche. Wir bissen abwechselnd von ihm ab … hoffentlich waren wir gerettet.

Als wir in der Pause zum Klassenraum zurückgingen, warteten vor der Tür schon der stellvertretende Schuldirektor, die Klassenlehrerin und die Erdkundelehrerin auf uns. Drei finstere Gesichter, angriffsbereit, als wäre ein Unheil geschehen.

»Von Aleks bin ich nicht überrascht, aber von dir hätte ich das nicht erwartet. Wie könnt ihr es wagen, dem Befehl des Direktorats nicht zu gehorchen?«, schrie die Klassenlehrerin.

Wie wir es wagen konnten, dem Befehl des Direktorats nicht zu gehorchen, wussten damals weder Aleks noch ich.

Da packte uns der stellvertretende Schuldirektor mit seinen großen Händen an den Ohren und wir hörten seine drohenden Worte: »Sie sollen euch die gesunden Backenzähne rausreißen!«

Er zog uns beide an den Ohren, schob noch einmal seine Zahnprothese vor und schleifte uns in den Raum hin zum Zahnarzt.

»Da hast du die Deserteure wieder. Treib ihnen die Flausen aus!«

»Hinsetzen«, schrie der Zahnarzt und sah mich angewidert an. »Mach den Mund auf! Du hast zwei kaputte Sechser und einen kaputten Eckzahn. Zahnfüllung, dritte Stufe.«

Oh Gott. Gnade. Was sind zwei Sechser, ein Eckzahn und Füllungen dritter Stufe? Ich konnte mir das nicht beantworten, weil ich da schon ein Motorendröhnen hörte und im Mund ein rotierendes Metallteil verspürte. Ohne Anästhesie, ohne Betäubung, ohne irgendwas.

Ich wurde ohnmächtig. Ich erinnere mich nur noch an das Schreien von Aleks und an Baumwollstoff in meiner Nase. Ich kam erst wieder zu mir, als ich nach Hause gehen durfte.

5

Zu Hause gab mir die Oma etwas Lauwarmes zu trinken, und ich streckte mich auf dem Kanapee aus, das hinten im Besuchszimmer stand.

Ich muss eingenickt sein, weil ich nicht gehört hatte, dass der Jak von unserer Tante hereinkam. Jak ist zu Besuch gekommen.

Ein Besuch wurde damals überdurchschnittlich oft gemacht. Die Menschen besuchten einander spontan und unangekündigt. Sie kamen einfach herein und setzten sich. Die Gastgeber hatten dann üblicherweise drei Pflichten zu erfüllen: Kaffee, Raki … und Unterhaltung. Oft waren die ersten zwei schwerer zu bewältigen als die dritte.

Jak saß mit übereinandergeschlagenen Beinen da. Er trug einen grauen Anzug und spitze braune Schuhe. Er war kahlköpfig und hatte ein scharf geschnittenes Gesicht. Er bekam ein Glas Raki serviert und wartete auf den türkischen Kaffee mit viel Zucker von meiner Oma.

»Er liegt im Kühlschrank.«

»Wer liegt im Kühlschrank?!«

»Na, Er doch. Ich weiß das aus sicherer Quelle. Sie lagern ihn im Kühlschrank, weil sie nicht wissen, wie sie uns das sagen sollen. Sie sind dazu nicht bereit. Sie haben Angst. Aber das dauert nicht mehr lange. Es ist bald vorbei.«

Das war mehr oder weniger das, was Jak sagte. Er meinte den Diktator. Enver Hoxha. Es wurde gemunkelt, dass Enver Hoxha an einer unheilbaren Krankheit litt. Eine Art akute Diabetes, die nach und nach alle Organe beschädigte. Deshalb war er, also Jak, davon überzeugt, dass Enver Hoxha nicht mehr lebt und dass sein Leichnam in der Pathologie liegt, die von Jak Kühlschrank genannt wurde.

Das war natürlich hochgeheim, aber Jak wusste es dennoch. Woher, das verriet er nicht.

Jak war bei den Ballisten gewesen, das heißt, während des Zweiten Weltkriegs war er Mitglied in der Nationalen Front gewesen, die Feind der Kommunisten war. Nach der Befreiung arbeitete er eine Zeitlang als Lehrer im Malësia-Bergland. Sein Dienst währte nur so lange, bis sich jemand an seine politische Vergangenheit erinnerte und ihn denunzierte. Daraufhin lösten die Kommunisten seinen Vertrag auf, und nicht nur, dass sie ihn entließen, sie brummten ihm auch noch ein paar Jährchen Gefängnisstrafe auf.

In meiner Familie wurde erzählt, dass Jak einen festen Schlaf hatte. So fest, dass er wie in einer anderen Welt war. Er wurde im Schlaf verhaftet. Jak stand auf, zog sich an, verabschiedete sich schlafwandlerisch von unserer Tante und erst ein paar Stunden später, als er merkte, dass er nicht mehr auf seinem weichen Wollkissen lag, sondern auf einem harten und feuchten Betonboden, dämmerte ihm, wo er war.

»Mit Ihm ist es zu Ende. Er liegt im Kühlschrank, das weiß ich aus sicherer Quelle.«

Und wem erzählte er das alles? Meiner Oma. Der Armen. Die jedem seinen Willen ließ. Sie saß in der Ecke mit der Kaffeemühle auf dem Schoß, hörte Jak zu und hing ihren Gedanken nach.

»Sie haben es wohl nicht eilig, nach Hause zu kommen«, brummte Jak. Er meinte damit meine Eltern.

Jak stand auf, um sich zur nächsten Besuchsstation zu begeben, wo die Neuigkeit, dass Er in einem Kühlschrank liegt, auf mehr Begeisterung stoßen würde.

6

Ich weigerte mich, bei der Hitze Mittagsschlaf zu halten, aber Mami war unnachgiebig. Deshalb gab es für mich nur die Möglichkeit, zu versuchen, sie auszutricksen. Das war nicht leicht. Ich glaube, dass sie auf die Welt gekommen war, um nicht ausgetrickst zu werden. Das habe ich erst spät, viel zu spät begriffen…

An einem der Augustnachmittage, als ich mich schlafend stellte und durch einen Augenschlitz blinzelte, ob sie auch schon schläft, sah ich, dass sie dasselbe macht wie ich. An dem Tag muss sie von der Arbeit aber so müde gewesen sein, dass sie schließlich doch einschlief.

Ich stehe auf. Ich laufe auf Zehenspitzen über die alten Dielen, die wegen der Trockenheit und der gelockerten Nägel laut knarren, und gehe zur Tür. Unser Zimmer hatte zwei Türen. Den Grund dafür habe ich nie verstanden. Beide führten zu demselben Korridor, aber wir benutzten nur die eine, die sich näher zur Veranda befand. Die andere war immer zugesperrt. Ich versuchte, unsere Tür zu öffnen, aber auch sie war zu. Meine Mutter hatte den Schlüssel versteckt. Sie konnte mich zwar jetzt gerade nicht überwachen, aber sie hatte den Schlüssel.

Verzweifelt dachte ich, dass der einzige Weg nach draußen durch das Fenster führt, an das die dicken Äste eines Feigenbaums heranreichten, der an einer kleinen Hütte am Ende des Hofes wuchs.

Die Hütte verfügte über zwei Räume, die früher als Lebensmittellager und zum Brotbacken dienten. Die Kommunisten verstaatlichten sie und stellten sie einer Familie als Wohnraum zur Verfügung.

Ich dachte also, wenn ich vom Feigenbaum aus an der Hütte

hinunterklettere, komme ich ganz leicht über den Zaun in den Hof und bin in Freiheit. Es ist nicht schwer, aus dem Fenster in die Äste zu klettern. Ich halte mich fest und hänge in der Luft. Ich halte den Atem an. Ich bemerke unten an den Baumwurzeln einen roten Fleck, der sich als ein Mensch erweist. Im Schneidersitz lehnt am Baum ein dünner, schmächtiger, fast durchsichtiger Mann, grau, mit vielen Haaren, hat eine Pyjamahose mit roten und weißen Streifen und ein Unterhemd an und trägt eine Goldkette um den Hals. Das ist Frederik Rreshpja. Der Dichter.

Aber gerade schreibt oder liest er nicht. Er stickt. Mit einem Stickrahmen. Es war das erste und letzte Mal in meinem Leben, dass ich einen stickenden Mann sah. Ein wahres Wunder.

Ich kletterte nicht weiter. Ich hing zwischen zwei träumenden Menschen, zwischen meiner Mami oben und dem Dichter unten.

Was Frederik Rreshpja auf dem Stickrahmen stickte, habe ich nie erfahren. Von oben kam es mir wie ein Trachtenmotiv vor. Haben denn früher nicht auch die alten Schneider am Stadtmarkt Trachten gestickt? Ich weiß es nicht. Was ich aber damals ganz bestimmt wusste, war, dass mich Frederik Rreshpja sehr mochte.

7

Die Tür von Tante Age stand für uns immer offen, aber am Tag ihrer Namenspatronin, der Heiligen Agatha, wurde sie besonders weit geöffnet.

Von der Straße aus betrachtet wohnte sie in einem gewöhnlichen Haus, das vom Innenhof aus aber ganz anders aussah. Von außen war das Haus anderthalb Stockwerke hoch und hatte eine Holztür, durch die der Onkel Gjon, der jüngere Bruder meiner Oma, Tante Age und Onkel Kel mit seinem Handwagen ein- und ausgingen. Sie waren vier Geschwister. Meine Oma wohnte natürlich bei den Çapalikus und Tante Age, die kinderlos und seit 1945 verwitwet war, wohnte mit ihren zwei ledigen Brüdern zusammen. Ihr jüngster Bruder Luigi war im Zweiten Weltkrieg verschollen, nachdem er von einer deutschen Patrouille im Haus der Ardits, der jüdischen Stadtapotheker, festgenommen worden war. Wahrscheinlich wurde er in Dachau nach zehn Tagen Haft im Lager Prishtina mit Gas ermordet.

Zu der Zeit, über die ich erzähle, also Ende der sechziger Jahre, war Tante Age Ende sechzig. Damals bedeutete so ein Alter in Albanien, dass man sein Leben hinter sich hat und dass es nichts Ungewöhnliches ist, wenn man sich bald still verabschiedet...

Im Haus war sie die einzige Autorität, und das kam nicht nur daher, dass die Brüder ihre Häuser verkauft hatten und bei ihr eingezogen waren, sondern sie verfügte auch über mehr Bildung als die beiden anderen zusammen, und zwar in jeder Hinsicht.

Durch ihre absolute Autorität hatte Tante Age das Haus in ein Haus ohne Männer, oder anders ausgedrückt, in ein Haus mit drei Männern verwandelt.

Ich würde jetzt meine Hand nicht ins Feuer legen, ob der Tespidsche, eine Art süßer Auflauf, das Werk von Tante Age oder der Köchin Vida oder beider war, aber ich kann mit Sicherheit sagen, dass es damals keine verführerischere Süßigkeit gab.

Wahrscheinlich war sie eine der orientalischen Süßspeisen mit Scherbett, aber ich glaube, dass sie mit einer Prise Okzident übernommen wurde, weil das Scherbett ganz unsichtbar und die gebackene Teigmasse karamellisiert war.

Obwohl es der Namenstag von Tante Age war, befragten alle Vida, wie sie den Tespidsche zubereitet hatte. Sie hatte schon darauf gewartet und legte sofort los:

»Also ... ein halbes Kilo Butter, einen halben Liter Milch, zehn Eigelb und Mehl wie für Halwa.«

»Wir haben verstanden, Vida«, mischte sich Tante Age genüsslich ein, »gesegnet seien deine Hände.«

»Danke, Age... Dann gibt man Butter und Milch in einen Tiegel und fügt Mehl hinzu. Alles wird unter Rühren erhitzt, damit die Masse nicht klebt. Dann lässt man den Teig auskühlen und fügt Eigelb hinzu. Mit den Händen wird alles gut durchgeknetet, die Masse wird auf das Backblech gestrichen und mit dem Messer in die Modeln verteilt.«

»Guten Appetit«, schaltete sich wieder Tante Age ein.

»In die Mitte jedes Models wird mit der Gabel hineingestochen, um Muster zu bilden. So lange im Ofen backen, bis der Teig goldgelb ist. Nach dem Erkalten kommt das Scherbett drauf.«

»Aber sicher, das ist doch klar«, meldete sich Tante Age abermals zu Wort.

»Ah ja... Für das Scherbett braucht man ein Kilo Zucker, einen halben Liter Wasser, zwei Zitronenblätter oder ein paar Apfelschnitten fürs Aroma«, beendete Vida schnell ihren Vortrag und war sich sicher, dass sie alles aufgezählt hatte und dass sich das ohnehin niemand in allen Einzelheiten merken konnte.

Nachdem auch der letzte Gast gegangen war, wies Tante Age Vida an, die wenigen Dagebliebenen mit noch einem Stück Tespidsche zu bewirten. Diesen Augenblick nutzte ich und gab vor, auf die Toilette zu gehen. Aber tatsächlich folgte ich Vida, um herauszukriegen, wo der Tespidsche versteckt war.

Das Backblech befand sich im Schlafzimmer der Tante, in dem es ein Bett, einen Kleiderschrank, zwei Kommoden, zwei originale Landschaftsbilder aus den dreißiger Jahren und eine große venezianische Truhe, auch Brauttruhe genannt, gab. Auf dieser Truhe stand das Backblech mit dem Tespidsche, das mit einem anderen Blech aus Kupfer abgedeckt war.

Und in der Truhe, auf der die süße, aromatische Speise, die Tespidsche hieß, stand, befand sich das traurige Vermächtnis eines Menschen, der diese Welt zu früh verlassen hatte. Die große Brauttruhe enthielt nicht mehr die Aussteuer von Tante Age, die sie in ihre Ehe eingebracht hatte, sondern sie war voll mit Büchern, Fotoalben, Manuskripten, Korrespondenz, Plakaten und allem anderen, was zum Leben eines Schriftstellers, Dramaturgen und Regisseurs gehörte, wie Zef Mark Harapi einer gewesen war.

8

Simon aus dem Viertel kam vorbei und warnte uns, dass es heute Abend einen Alarm geben würde. Er riet uns, nachzusehen, ob der RZ sauber ist, weil Hunde und Katzen und sonst was für Tiere oft hineingerieten. Da ging er auch schon wie ein ruhmreicher Anführer voran ans Ende des Gartens, wo der Regionale Zivilschutzkeller oder der RZ, wie die Älteren sagten, war.

Der RZ war ein unterirdischer Tunnel, rund zwanzig Meter lang, zwei Meter breit und genauso hoch, mit zwei abschüssigen Zugängen an beiden Enden und ein paar Lüftungsrohren an der Oberfläche. Diese Tunnel gab es in unserer Siedlung in allen großen Haushöfen, und sie sollten der Bevölkerung im Falle eines Atomangriffs Schutz bieten.

Es war unklar, warum davon so viele gebaut worden waren. Um die schönen, begrünten Shkodraner Höfe kaputtzumachen oder weil sie wirklich nötig waren? Jedenfalls gab es in unserem Hof einen RZ für unser Haus und für etwa dreißig Nachbarn.

Der Simon aus dem Viertel hatte weiße Haare und gehörte zu den Menschen, die alt geboren wurden und nicht vorhatten, einmal zu sterben. Sein Nachname lautete natürlich anders, aber mir gefiel es, ihn so zu nennen. Genauso wie es mir gefiel, dass er kam, um uns über den Alarm in Kenntnis zu setzen. Weiß man, wer heute Abend alles in den RZ kommt? Wie aufregend! Wir werden alle zusammen sein...

Vielleicht kommt auch Marilda, dachte ich und jubelte innerlich. Aber mein Jubel war verfrüht. Sie kam nicht. Und ich grübelte darüber, wo sie in der Nacht gewesen sein konnte.

Marilda war die neueste Jungverheiratete in unserem Viertel. Eine blonde junge Frau mit Porzellanhaut, himmelblauen Augen und geraden, strahlenden Zähnen.

»Was sie nur für tolle Zähne hat«, hörte ich einmal, wie jemand aus unserem Haus zu einem anderen sagte.

Sie tauchte plötzlich an einem Sommerabend bei Sonnenuntergang in unserem Viertel auf. Nikolin brachte sie her, unser Nachbar Niko. Sie saß auf der Stange seines großen chinesischen 28 Zoll-Fahrrads.

Als Niko mit seiner Trophäe ankam, ahnte noch niemand, wen er da mitgebracht hatte. Marilda trug ein seidenes Kopftuch, ein dünnes gepunktetes Kleid und einen noch dünneren Gürtel um die Taille. Sie kam in Sandalen und hatte rot lackierte Zehennägel. Zum ersten Mal in meinem Leben sah ich jemanden mit kirschroten Zehennägeln. Marilda hatte volle dunkle Lippen und einen mittelgroßen festen Busen. Das letztere stellte ich mir jedenfalls so vor.

»Das ist meine Braut«, verkündete Niko, und wir Kinder traten so gierig an ihn heran, als wären wir alle auf das einzige Hähnchen erpicht, das im Schaufenster der »Frühstücksbar« im Stadtzentrum gebraten wurde. Niemand gab auch nur einen Mucks von sich. Niko war maßlos stolz.

Sie lächelte uns alle an, und beide verschwanden in seinem Hof.

Niko hatte Marilda geraubt. Er nahm sie aus einem Dorf bei Shkodra mit, ohne mit der Wimper zu zucken.

Wir blieben draußen stehen, bis wir sahen, dass Niko die Vorhänge in seinem Zimmer zuzog. Ein verbotener Film begann, und für uns wurde kein Spalt offengelassen. So ein Mist! Wir fühlten uns abserviert und gingen auseinander, als würde jeder für sich an seinem Anteil von Marilda knabbern.

»Wie Helena von Troja...«

»Nein. Eher wie Semiramis von Babylon…«

Und wir zählten noch weitere Titel von Filmen auf, die gerade im Kino liefen und in denen schöne Frauen eine Rolle spielten.

9

Die Stadt, so wie ich sie erlebte, hatte sich im wahrsten Sinne des Wortes in eine Art Provinz verwandelt. Alle kannten sich untereinander, und falls nicht direkt, so wussten sie indirekt fast alles übereinander. Die Menschen waren zufrieden mit sich und den anderen um sie herum. Sie wussten, wer die Übeltäter waren und so ziemlich sicher auch die Spitzel.

In ihrer Selbstzufriedenheit glich die Stadt zunehmend einer Muschel, die sich täglich immer mehr in sich zusammenzog. Gleichzeitig steigerte das Regime seine Versuche, diese Auster zu öffnen. Aber diesen Kampf gab die Stadt auf.

Man muss sagen, dass sie nach den gescheiterten Abwehrversuchen in den ersten Nachkriegsjahren den Geist des Widerstands verlor. Sie fand sich mit der Situation als etwas Unabänderlichem ab. Ihr schwand der Mut, die innere Angst zu besiegen, dem Tod ins Auge zu blicken.

Stillstand, Routine und Perspektivlosigkeit waren die Folge. Meine Städter verloren sich im Dunkel. Die Zeit, als noch offen verkündet werden konnte, dass sich die Kommunisten nicht lange halten werden, war vorbei. Erkennbar nahm die Kraft, »nein« zu sagen, ab, Widerstand zu leisten, Befehle zu verweigern. Wie ich später bei Søren Kierkegaard gelesen habe, kommt es darauf an, dass der Mensch den Mut haben sollte, er selbst zu sein. Es geht um den Menschen, den Menschen selbst, den selbstbestimmten Menschen; allein vor Gott, allein in dieser außerordentlichen Verantwortung.

Es schien, dass die Zeit solcher Menschen vorbei war. Der Geist des Widerspruchs regte sich nur noch innerhalb eines Klans, einer Familie. Er zeigte sich nicht und wenn ja, dann in verdeckten und metaphorischen Formen wie in den Witzen.

Auf diese Weise lebten die Menschen, ohne sich um etwas zu kümmern, vor sich hin. Die Folge war, dass sie sich nur noch mit Äußerlichem beschäftigten, und die Gelegenheit nutzten, andere zu karikieren. Diese Unsitte zeigte sich im ständigen Gebrauch von Spitznamen. Die Nachnamen wurden vergessen. Die Menschen nahmen eine Besonderheit oder ein Gebrechen her und leiteten daraus einen Spitznamen ab. Weil die Spitznamen ständig verwendet wurden, ersetzten sie den echten Nachnamen für immer. Zum Beispiel gab es Kola Nordwind, weil er schnell lief, Mark Fliegenfänger, weil er große Ohren hatte, Ndrek Nase wegen seiner großen Nase. Ded Matura, weil er die Matura nicht geschafft hatte. Gjon Hupe, weil er Trompete spielte, Nush Ballon, weil er Ballons herstellte. Ton Glatzkopf wegen seines von Kind an kahlen Kopfes. Gac Faulpelz, weil er nie gearbeitet hatte und so reihum… Den Spitznamen folgten dann die Scherze.

»Wenn deine Nase Junge kriegt, schenkst du mir eins?«, verspotteten die Halbstarken Ndrek Nase, wenn er seinen großen Handwagen durch die Straßen zog.

Erstaunlich war die Hartnäckigkeit, mit der den Kindern Vornamen gegeben wurden, die keinen Bezug zur kommunistischen Propaganda hatten. Nicht nur traditionelle religiöse Namen wurden weitergegeben, es gab auch Menschen, die für Albaner so sonderbare Namen trugen wie Hermenegjildo, Tarçiz, Remigjio, Primo, Fritz usw. All das wurde von einem starken Gefühl der Selbstzufriedenheit begleitet. Später erfand jemand die Bezeichnung »Die Wiege der Kultur«, die einem Bonbon glich, das ab und zu in den großen und gierigen Rachen dieser Stadt mit der Seele eines Säuglings geworfen wurde und im Widerspruch zu ihren realen Eigenschaften stand.

10

Es war Sonntagmittag, und der Lärm im Haus flaute ab. Der Ejlli aus Dajçi war wieder weg, der sonntags ein wenig Raki, Gemüse, frische Eier und im Frühling auch mal ein Lamm zum Verkauf vorbeibrachte. Auch der Bruni war wieder gegangen, ein Freund von Opa und ein alter Schuhmacher, Opas früherer Geselle in den goldenen Zeiten, als Opa noch eine Werkstatt besaß. Soviel ich weiß, hieß er eigentlich Mahmut, aber da er brünett war, wurde er einfach Bruni genannt. Er war der einzige uns nahestehende Mensch, der Tiere schlachten und ausnehmen konnte. Ohne ihn hätten wir nicht einmal unsere Hühner rupfen können.

Als letzte ging wahrscheinlich Mana aus unserem Hof, die Frau von Tade Shiroka, die eine mit frischem Gras gefüllte Aluminiumschüssel für ihre Hühner davontrug. Mana war eine alte Frau aus dem Kosovo. Tade und sie waren kinderlos, und er hat sie sogar in Wien behandeln lassen, damit sie fruchtbar wird, aber es hat alles nichts gebracht. Es wurde gemunkelt, dass es reine Geldverschwendung war, weil es an Tade lag. Aber das muss unter uns bleiben. Auf jeden Fall wurde Mana beneidet, weil sie Wien zu einer Zeit gesehen hatte, in der andere nicht einmal bis Tirana gekommen waren. Es wurde erzählt, dass Tade einen großen geheimen Reichtum besaß, aber Mana pflückte trotzdem Gras für ihre Hühner und ging in Lumpen.

Tade war Silberschmied gewesen und hatte eine ganze Ladenreihe gegenüber von seinem Haus besessen. Jetzt befanden sich dort eine Bäckerei, ein Fischladen und eine Bilderrahmenwerkstatt.

Zwischen der Bäckerei und der Bilderrahmenwerkstatt wohnte in zwei kleinen Zimmern Lush Doda, Maurer und Vater von drei kleinen Mädchen. Lush kam immer zu uns, wenn es durch das Dach regnete. Er war leicht und beschädigte auf dem Dach keine Ziegel. Jedes Mal, wenn er wieder herunterkam, sagte er gebetsmühlenartig: Es müssen alle Dachsparren erneuert werden, weil sie verfault sind, und es müssen mindestens hundert neue Dachziegel gekauft werden, um die alten beschädigten zu ersetzen. Aber niemand hörte ihm zu. Lush setzte sich hin, und wie ein echter Kerl trank er ein Glas Raki und sprach zu meiner sanften Oma:

»Ach, Angje, du! Wenn man arm ist, kann man sich nicht einmal das Gesicht waschen.«

Als alle an dem Sonntagmittag wieder gegangen waren, sagte mein Opa, ich soll die Pflaume nehmen und bei Bidscha Rotwein holen. Die Pflaume war eine Glaskaraffe mit rundem Bauch und dünnem Hals, die an die Form einer Pflaume erinnerte. Deshalb nannten wir sie so.

Bidscha war die Abkürzung des Namens Luigjina. Sie war eine wohlbeleibte, rotwangige Frau mit kastanienbraunen Locken. Sie saß hinter einer Theke, auf der Korbflaschen mit Wein und Raki standen. Darunter lagen zwei Bleche, um die Raki- und Weintropfen aufzufangen, wenn Bidscha die Gefäße der Kunden mit Messbechern aus Aluminium füllte. Ich bekam meine Pflaume mit Rotwein zurück und saugte den Alkoholgeruch ein, der den Laden erfüllte.

Nach Hause lief ich auf der linken Straßenseite. Ich ging gern an Malos Fleischerei vorbei. Er war ein rundlicher Mann, über den erzählt wurde, dass er viele Jahre im Ausland für die Staatssicherheit oder für die Spionageabwehr tätig gewesen war. Über seine Heldentaten war sogar ein Buch mit dem Titel »Schwarze Wolken« geschrieben worden.

Hinter Malo folgte eine Molkerei, die in zwei Schichten geöffnet war. In einer verkaufte Ismet und in der anderen Tosha. Immer stand eine Schlange davor.

Nebenan war der Wurstladen. Dort gab es die berühmte Salami »Dukagjini« mit großen Stücken verschiedener Fleischsorten und Fettbrocken drin, nach der ich verrückt war. Ich glaubte, dass diese Salami eigens dafür hergestellt wurde, dass ich vor Appetit darauf vergehe und Doktor Saraçi sie mir wegkaufen kann.

Weiter gab es bis zu unserem Haus am Ende der Straße nur noch den Obstladen, die Verwaltung des Stadtteils und andere unwichtige Dinge.

Sonntags war am Mittag fast keine Menschenseele auf der Straße. Ich sah nur Mark Fliegenfänger. Mark mit seinen schirmartigen Ohren saß im Schatten am Bürgersteig gegenüber der Bäckerei und rauchte. Keine richtige Zigarette, sondern eine billige Tabaksorte, die er mangels Zigarettenblättchen aus Zeitungspapier drehte. Er sah aus, als würde er hin und wieder eine Zeitungsmeldung lesen, bevor er sie mit kräftigen Zügen aufrauchte.

11

Wenn ich auf der hohen Mauer saß, die unseren Garten vom Schulhof trennte, und viel Zeit hatte, konnte ich andere, völlig unterschiedliche Lebenswelten beobachten.

Rechterhand stand das Haus von Gjush Sheldia, einem vornehmen alten Mann mit drei großgewachsenen Söhnen. Über Gjush wurde erzählt, dass er ein fähiger und fleißiger Geschichtsforscher war. Er war Sammler und hatte im Stadtmuseum und später als Lehrer gearbeitet. Seit er in Rente war, las er, trank mal ein Gläschen und pflegte seinen Garten. Das Interessanteste darin waren Helme deutscher Soldaten aus dem Zweiten Weltkrieg, die er mit Erde gefüllt und zu Blumentöpfen umfunktioniert hatte. Eine Installation für den Frieden, würde heute ein mittelmäßiger Künstler sagen.

Linkerhand war das Haus von Doktor Kel Saraçi, der den Mut hatte, mir die Salami »Dukagjini« weg zu kaufen. Das Haus des Doktors war zweigeschossig, umgeben von grünem Schilfrohr. Es war dort immer laut wegen der vielen Menschen. Der Doktor war mit Esterina, einer Italienerin aus der Romagna verheiratet. Sie hatte körperlich und mental unbeschadet zwölf Kinder auf die Welt gebracht. Aber die dominanteste Person im Haus des Doktors war die Haushälterin Tazja, eine Hausnonne aus dem Dorf, die im Haus das Sagen hatte.

Dem Doktor wurden einmal Drillinge und einmal Zwillinge geboren. Die anderen Kinder einzeln. Ich glaube, dass eines der zwölf Kinder früh verstorben war.

Da der Doktor viele Kinder und eine italienische Ehefrau hatte und die italienische Kultur bei ihm zu Hause war, riefen sich die Kinder im Stadtviertel, wenn sie eines seiner Kinder ärgern wollten, laut zu:

Con ventiquattro mila baci,
wie viele Kinder hat Doktor Saraçi?

und parodierten damit ein berühmtes Lied von Adriano Celentano.

Vor dem Haus des Doktors stand immer eine Schlange. Jede Menge besorgter Eltern mit ihren kleinen Kindern kamen zu ihm. Der Doktor war Pädiater. Dem Vernehmen nach war er hervorragend und sehr erfahren. In seinem Behandlungszimmer hing an der Stirnwand ein ungewöhnliches Foto. Darauf war er in jungen Jahren auf einem Kamel zu sehen, wie er die Pyramiden von Gizeh betrachtet. Anscheinend war er während seines Medizinstudiums in Italien dorthin gereist. Für uns hier waren das außergewöhnliche Dinge, so außergewöhnlich, dass ich einmal nachts aus dem Schlaf aufschreckte, als ich im Traum den Doktor gefragt hatte, ob er das wirklich auf dem Kamel ist oder ob er uns nur veräppelt.

Man erzählte sich, dass mangels Kleidung für alle seiner Kinder dasjenige die besten Schuhe und Sachen anzog, das morgens als erstes aufgestanden war. Wer eine Schlafmütze war, musste mit dem vorliebnehmen, was übrig blieb.

Tazja sorgte unterdessen dafür, dass die Lebensmittel eingesammelt wurden, die die Eltern kranker Kinder dem Doktor mitbrachten. Ihr Zimmer war ein gut gefülltes Lager. Ein Meisterwerk!

Diesmal musste ich früher von der Mauer herunter. Aleks war mit drei anderen Klassenkameraden gekommen, um im Hof Fußball zu spiclen. Ich mochte Fußball nicht besonders. Mich begeisterte Basketball mehr. Wir hatten an unserer Hofmauer sogar einen Korb angebracht, aber nein: die Jungs wollten nur Fußball spielen. In Wahrheit gefiel mir Fußball schon, aber ich konnte nicht spielen. Da rollte mir auch schon der Ball vor die Füße.

Ich kickte und der Ball flog aufs Dach. Aleks, der leichteste und geschickteste von uns, beschloss, aufs Dach zu steigen, um ihn zu holen. Ein Ball ist nur ein Ball. Aber wer hatte schon einen?

Gerade als Aleks über die Hofmauer auf dem Dach ankam, trat Onkel Tom plötzlich aus dem Haus. Er musste gehört haben, wie der Ball die Dachziegel gestreift hatte, und er entdeckte Aleks auf dem Dach. Er bekam so große Angst um ihn, dass er sanft, fast flehentlich auf ihn einredete:

»Aleks! Vorsicht… Vorsicht, Aleks... Ich nehme dich gleich… Vorsicht mit dem Fuß. Ja, dorthin, nein, nein, nein, dorthin … auf den anderen Stein … auf den anderen Stein. Ja. Sehr gut. Sehr gut, Aleks«, und er streckte seine großen Hände aus, damit Aleks beim Hinunterklettern seine Fußspitzen darauf abstützen konnte.

In dem Augenblick, als Onkel Tom Aleks um die Taille gefasst hatte und der Schreck von ihm abfiel, watschte er ihn zwei- oder dreimal so ab, dass Aleks Tränen in die Augen schossen.

12

Mir gefiel es besser, über die Mauer zu steigen, um in die Schule zu gehen, als von Gjuhadol aus herumzulaufen. So hieß unser Stadtviertel. Besonders gefährlich war es, auf der rechten Straßenseite zu gehen, wie es vorgeschrieben war. Der Grund dafür war, dass sich dort das Kurzwarengeschäft von Ton Qerosi befand. Mich hat es dort einmal übel erwischt, obwohl ich unschuldig war. Frustriert von schlechten Erfahrungen mit den Schulkindern, wachte er an seiner Ladentür und hielt eine mit Säure gefüllte Spritze in der Hand bereit. Er lauerte auf den Moment, in dem die vorbeigehenden Kinder lauthals loslegten:

Das ganze Viertel ist aufgewacht
Weil es nach Petersilie riecht
Die große Tochter von Ton Qerosi
Hat eine Beule an der Stirn.

In dem Moment bespritzte er sie mit der Säure, die ihnen Löcher in die Schulkittel fraß. Und einmal erwischte er mich und beschädigte meinen Kittel, den mir Rosina genäht hatte, nur weil eine Horde Jungs, die zehn Meter vor mir lief, mit lauten Stimmen die satanischen Verse rezitiert hatte. Anscheinend hatten sie Ton Qerosi überrumpelt, und als er sah, dass ihm die Sünder entwischt waren, trübte sich sein Blick und er spritzte die Säure auf uns, die anderen.

Also musste Mami wieder zur Schneiderin Rosina in unserer Nachbarschaft gehen. Diese gab sich große Mühe, Flicken auf die Säurelöcher zu nähen und diese auch noch zu besticken. Der Kittel sah trotzdem recht modern aus.

Über Ton wurde erzählt, dass er auch im Kino für Aufruhr sorgte. Im »Republika«, wie eines der drei Kinos unserer Stadt hieß. Es wurde von den Sowjets im Kolchosenstil erbaut und war eine freie Imitation der Neoklassik unter Beimischung einheimischer Elemente. Ton saß im Rang, als jemand im Parkett, der das nicht wusste, mitten im Film aufstand und rief: »Hey, Leute, kommt euch der Schauspieler nicht wie Ton Qerosi vor?« Der Saal brach in Gelächter aus, und erst, als es wieder ruhig wurde, sprang Ton Qerosi auf und schrie laut: »Und wessen Mutter hat Ton Qerosi flachgelegt?!!!« Zuerst erschraken alle, aber dann lachten sie befreit auf.

Diesmal ging ich nach der Schule auf dem normalen Weg nach Hause, das heißt, ohne mir beim Steigen über die Mauern den Hals zu brechen. Ich durchquerte mit zwei Klassenkameraden die kleinen Gassen.

Als wir in die letzte Gasse eingebogen waren, bedeckten wir alle drei wie auf Befehl unsere Nasen mit dem Pioniertuch. Es stank fürchterlich nach Sickergrube. Nach Fäkalien. Wir rannten durch unser Tor in der Hoffnung, dem Geruch zu entkommen, aber im Gegenteil, in unserem Hof stank es noch unerträglicher.

Der Ndoc Titte war da, der Abortreiniger. Er saß an der Sickergrube und trank ein Glas Raki. Damals gab es in der Stadt noch keine Kanalisation. Das Ganze funktionierte mit septischen Gruben, die von Zeit zu Zeit vollliefen.

Die Haut in Ndoc Tittes Gesicht hing in schlaffen Falten herab, wie eine an der Garderobe aufgehängte Theatermaske. Zahnlos, besabbert, mit Schirmmütze und in geflickter Hose und Jacke. Er sah wie eine Vogelscheuche aus. Ich genierte mich, meine Oma oder die anderen zu fragen, warum er Titte genannt wurde. Ich habe es nie erfahren. Heute habe ich zwar keine Hemmung, das Wort Titte auszusprechen, aber ich kann niemanden mehr fragen.

Die Sickergrube war etwa zehn Meter weit vom Brunnen mit dem Trinkwasser entfernt. Daneben wuchs ein großer Weinstock, der sich unter einem Vordach ausbreitete und einem Viertel des Hofes Schatten bot. Mein Vater und die Söhne des Onkels warfen gelegentlich einen Kalkstein in den Brunnen, um ihn zu desinfizieren. Ndoc Titte nannte seine immer häufigeren Besuche in unserem Haus ertragreich.

13

Es ist noch immer heiß. Es ist bereits Anfang September, aber die Hitze ist, wie so oft, nicht mit dem August vergangen. Alle schlafen oder dösen oder haben sich in eine kühle Ecke zurückgezogen und schlagen nach den Fliegen. Wir leben in der Jahreszeit der Fliegen, deshalb verschlafen alle die Gluthitze am liebsten. Die Sonne brennt so stark, dass sowohl der Verstand als auch die Kleidung ausbleichen und alt werden. Die Arbeitszeit fängt früher an, schon um sieben Uhr, damit die Menschen um drei Uhr Feierabend machen können. Wer Schicht arbeitet, beginnt schon um sechs Uhr früh, damit er um zwei nach Hause gehen kann. Aber die Ärmsten der zweiten Schicht haben im Sommer das Nachsehen. Es gibt keine Ventilatoren und auch sonst nichts, was die Luft kühlt.

Die Stadt hat von ihrer Geschichte hohe Hofmauern geerbt, die preiswert aus Flusssteinen erbaut wurden und die nicht nur die Häuser, sondern auch die Menschen voneinander trennen. Für sich zu sein oder eine Privatsphäre zu haben, wird in der Stadt schon seit langer Zeit praktiziert. Die Leute sollten nicht wissen, was ihr Nachbar hinter der Mauer macht, und deshalb wurden die Mauern nicht nur so hoch wie möglich gezogen, sondern sie wurden auch noch mit Kletterpflanzen versehen, zum Beispiel mit Efeu. Diese immergrüne Pflanze trieb ihre Wurzeln tief in die Fugen hinein und wenn sie abgerissen wurde, riss sie die ganze Mauer mit sich. Anscheinend entstand aus dieser Isolation das berühmte Volkslied, in dem der Verliebte seine Angebetete jenseits der Mauer anfleht:

Richte den Nachbarn aus
Dass sie die Pflanze ausreißen
Bitte, ach, bitte!

Mami ist nicht zu Hause, und ich kann die Zeit der Hitze verbringen, wie ich will. Aus dem Hof gehe ich in die Scheune. Das ist der kühlste Raum des Hauses. Hinter der Scheune erstreckt sich ein kleiner Hof, der das Haus von hinten umgibt und in dem ein paar wilde Feigenbäume und Weinreben wachsen. Dieser Hof wird nicht gepflegt. Überall wuchern Brennnesseln. In kurzen Hosen muss man sich sehr vorsichtig bewegen, um sich nicht die Beine zu verbrennen.

Ich nehme einen trockenen Zweig, um die Brennnesseln zur Seite zu schieben und hüpfe von einem Pflasterstein zum anderen, um dorthin zu gelangen, wo die Planschgeräusche herkommen. Ich komme immer näher. Jetzt vermischen sich die dumpfen Wassergeräusche mit etwas, was wie Flüstern, ersticktes Lachen oder Niesen klingt.

Mein ganzes Wesen ist hellwach. Immer vorsichtiger nähere ich mich der Mauer und fühle, wie sich alle meine Sinne öffnen, als ob ich ein Haus wäre, in dem ein Wind von innen alle Türen und Fenster aufstößt. Ich verbrenne mich an den Brennnesseln, aber ich spüre den Juckreiz kaum. Ich greife einen Efeuzweig, dann den nächsten. Ich setze die Sandalenspitze auf einen runden Mauerstein, weiche geschickt einer Rebe aus. Ich habe keine Angst und komme langsam oben auf der efeubedeckten Mauerkrone an.

Oh Gott! Zum ersten Mal in meinem Leben sehe ich entblößte Frauenbrüste. Groß, schön und sicherlich weich, nein … fest … aber nicht so sehr, denke ich. Sie hat den Kopf gesenkt. Ich schaue sie von hinten an. Ich spüre mein Herz, wie es gegen die Mauer, gegen den Stein pocht. Niemand sieht mich. Kann ich den Hals weiter vorrecken? Vielleicht noch ein bisschen?

Das ist Marilda. Die Nachbarin. Die junge Frau von Niko. Sie ist es, die … die in einem großen Blechzuber mitten auf dem Hof badet. Der Zuber ist groß, aber kleiner als eine Badewanne. Sie wäscht sich im Wasser, das von der Septembersonne erwärmt wurde. Ihre Beine hängen von den Knien abwärts heraus. Ihre Fersen streifen über das Kopfsteinpflaster des Hofes, und ihre Hände hat sie irgendwo da aufgestützt, wohin ich nicht sehen kann. Sie betrachtet sich. Mir kommt sie wie die Sonne vor. Dann werfe ich einen Blick auf mich. Oh Gott! Ich bin vollkommen fertig. Ihr blonder Lockenkopf! Ich schaue zur Sonne. Für einen Augenblick kneife ich die Augen zusammen. Und was für Beine sie hat! Und ... meine Sandalenspitze rutscht vom Stein ab und ich greife krampfhaft nach den Efeuzweigen und der Efeu reißt die runden Steine aus der Mauerkrone in die Tiefe und eine Staubwolke hüllt meinen Sturz ein, der von Marildas langem und spitzem »Uau« drüben begleitet wird, spitz wie ihre Brustwarzen.

14

Das Telefon klingelte. Unsere Nummer war 823. Also gab es theoretisch nicht mehr als 999 Anschlüsse in einer Stadt mit etwa 100 000 Einwohnern. Ein Telefon zu haben, war von hohem Wert.

Mein Vater bekam einen Telefonanschluss, um als Agronom im Fall von Überschwemmungen oder extremen Niederschlägen erreichbar zu sein.

Ich ging ran. Ich telefonierte gern. Ich glaubte, dass durch das Telefon eine Nachricht kommt. Ich wusste nicht, was für eine, aber das war nicht weiter wichtig. Ich erwartete eine wundersame Nachricht, die unser aller Leben in Ordnung bringt. Diese Angewohnheit habe ich bis heute beibehalten und ich schalte das Handy nie aus, auch nicht während einer wichtigen Sitzung oder im Theater. Ich hob also ab und am anderen Ende der Leitung war Injac Mrija, der Mann von Vaters Cousine Leta. Injac hatte die Telefonnummer 221. Er besaß demnach einen der ersten Anschlüsse in der Stadt. Er wollte mit Mama oder mit jemandem von den Erwachsenen sprechen, aber in diesem Moment war außer mir niemand im Besuchszimmer. Deshalb trug Injac mir auf, den Frauen auszurichten, die Wäsche im Hof abzuhängen, weil es in der Nacht regnen wird. Der Luftdruck war gefallen und die Luftfeuchtigkeit gestiegen, erklärte er. Es kommt Regen. Ganz sicher. Aber woher wusste Injac das?

Er war Wetterbeobachter in der einzigen meteorologischen Station der Stadt, die sich auf dem Flachdach des Pädagogischen Instituts befand, nicht weit weg von unserem Haus. Das war auch der Grund, warum Injac einen Telefonanschluss hatte. Er berichtete jeden Abend nach Tirana über die Lage in Shkodra, erstellte eine Wettervorhersage und gab die Temperatur, Windrichtung und andere Daten durch, die später vom albanischen Fernsehen ausgestrahlt wurden.

Ich weiß nicht, wie Injac zu diesem Beruf gekommen war. Zu Haus wurde mir gesagt, dass er früher mal Mitglied der faschistischen Jugend war und später Tischler gelernt hatte. Seine Billardtische waren berühmt. Injac war ungelogen ein Alleskönner. Er kannte sich auch mit Elektrik und Mechanik aus. So lud er zum Beispiel den feuchten Stamm des Feigenbaums in seinem Hof jede Nacht mit 120 Volt Spannung auf. Der Grund dafür lag einzig in Injacs Verdacht, dass seine Nachbarn nachts die Feigen stehlen würden. Auch die Türklinke setzte er unter Strom, wenn er jemanden besuchen ging und Einbrecher befürchtete. Leta, seine Frau, arbeitete als Schneiderin, und fast jeden Tag verschusselte sie Nähnadeln, weil sie nachlässig war und außerdem immer schlechter sehen konnte. Sie wartete auf Injac, bis er von der Arbeit nach Hause kam. Er nahm nach dem Abendessen einen großen Magneten und suchte damit den ganzen Fußboden ab. Gewöhnlich sammelte der Magnet mehr Nähnadeln ein als Leta vermisste.

Diese Methode des Suchens aufs Geratewohl wandte Injac

auch an, nachdem seine Schwiegermutter, die Mutter von Leta und die Tante von meinem Vater, verstorben war, weil er während des Empfangs der Trauergäste im Haus des Schwagers seine Hausschlüssel verloren hatte. Er wurde richtig fuchsig. Er lief im Hausflur hin und her und ließ scheinbar absichtslos aus seiner Hosentasche andere Schlüssel fallen, weil er hoffte, dass sie genau dort landen würden, wo seine anderen gelandet waren. Alles umsonst. Die Suchmethode mit dem Köder funktionierte ihm.

15

Ich habe mir die linke Hand gebrochen oder das Gelenk angeknackst oder irgend so was. Mein Arm wurde in Schafswolle mit Eiweiß und Kalk eingewickelt. Zwei Schienen und ein Streifen Gaze, der mir bis zum Nacken reichte, hielten diese Masse zusammen. Wer diese Methode erfunden hat, weiß der Geier. Bestimmt wurde sie meiner Oma von jemandem aus dem Dorf empfohlen, und die Unlust, mit mir ins Krankenhaus zu gehen, tat ihr Übriges. Es stellte sich jedoch schnell heraus, dass das keine geeignete Behandlungsmethode war, und meine Hand wurde eingegipst.

»Von der Schlampe Marilda hat man noch nichts Nützliches gesehen«, hörte ich die Oma zu den anderen sagen, als wäre jene daran schuld, dass ich gestürzt war. Ich schämte mich.

Ich fühlte mich schuldig, aber zum Glück ließ die Aufmerksamkeit für mich von Tag zu Tag nach. Fast jeden Abend bekamen wir Besuch. Nachdem mein Vater zur Schulung nach Rumänien abgereist war, nahm die Zahl der Besucher erheblich zu. Mir schien es eine Art von Solidarität zu sein, zu kommen und zu fragen, ob uns etwas fehlt und ob wir etwas brauchen. Aber ich bin mir dessen nicht sicher.

Der Herbst war schon in vollem Gange, als eines Tages Beni Qerraxhia gemeinsam mit Onkel Zef und Mutti Age auf Besuch kam.

Zef war der jüngere Bruder meines Opas und wohnte nicht mit uns zusammen. Er war Sekretär am Gericht gewesen, und zuletzt arbeitete er als Wirtschaftsverwalter in einem Altenheim.

Mutti Age?!!! Ich weiß nicht, warum in Shkodra die Frau des Onkels Mutti genannt wurde. Vielleicht wegen der patriarchalischen Lebensweise. In Hinsicht auf Geborgenheit und Fürsorge unterschied die Mutti sich nicht wesentlich von der Mutter.

Mutti Age war ein ganz anderer Mensch als die Mutti Angje, die Frau von Onkel Tom, oder als die Vatermutter Angje, meine Oma, weil Mutti Age Englisch konnte. Sie werden es kaum glauben, wie bedeutend und sonderbar diese Tatsache damals klang. Mehr sonderbar als bedeutend. Mutti Age, genauso wie alle ihre Schwestern, hatte schon in frühem Alter eine amerikanische Mädchenschule in Golem bei Durrës besucht und später das Königin-Mutter-Institut in Tirana.

Beni oder Benardina Qerraxhia war eine Schwester von Mutti Age, sie wohnte in Durrës. Beide Schwestern rauchten. Fräulein Beni hatte eine tiefe und männliche Stimme. Sie war ledig. Während des Krieges hatte sie in Turin Sport studiert und war lange Zeit Trainerin der Basketballspielerinnen und Schwimmerinnen in Durrës. Sie war dort stadtbekannt. Sie nutzte jede Gelegenheit, um ihre alten Leidenschaften am Leben zu erhalten. Von der Schauspielerin bis zur Schiedsrichterin beim Boxen.

Für mich war es eine große Freude, wenn Fräulein Beni mit Mutti Age auf Besuch kam. Onkel Zef setzte sich an die Tischecke neben der Tür und ließ Age und Beni viel Platz, damit sie ins Zentrum der Aufmerksamkeit rückten. Er rief mich zu sich und sprach mit mir, als ob ich gleichaltrig mit ihm wäre. Meine Aufmerksamkeit war in solchen Augenblicken geteilt. Ich wollte nichts davon verpassen, was auf beiden Seiten gesprochen wurde und meistens schaffte ich es auch.

Aber am meisten jubelte ich, wenn Leo Prela aus Tirana zu uns kam. Er war einer der sympathischsten Männer, denen ich je begegnet bin. Wie um seine Vollkommenheit zu schmälern, hinkte er unglücklicherweise seit einer schweren Kinderkrankheit. Die Kindheit verbrachte Leo in Buenos Aires, wohin seine Eltern Anfang der dreißiger Jahre ausgewandert waren.

Deswegen war Leos Muttersprache Spanisch, aber er hatte auch Portugiesisch gelernt und bestimmt konnte er auch Französisch und Italienisch. Mit dem Spanischen und Portugiesischen sicherte er seinen Lebensunterhalt im Verlag »8 Nëntori«, für den er die Werke des Diktators übersetzte.

Leo war Tenor. Er hatte in der ersten albanischen Oper »Mrika« gesungen und trat in unserer Familie bei allen Festen, Verlobungen und Hochzeiten auf. Er sang zum Beispiel »Granada«... Aber was ich an diesem Mann am meisten liebte, war sein besonderer Erzählstil. Später habe ich gelernt, dass dieser Stil durch die Verwendung eines Verbtempus namens »historisches Präsens« entsteht. Wenn er zum Beispiel eine Geschichte aus der Vergangenheit erzählte, hörte sich das so an: »Es ist das Jahr 1955. Dezember. Kalt. Ich stehe im Mantel an der Tür des Großen Cafés. An mir vorbei fährt N.N. auf dem Fahrrad. Ich sage zu ihm...« Und so weiter...

Unterdessen spürte ich, wie sich mein Mund öffnete, wie mich mein Rückgrat nach vorne zog und wie sich mein Kopf ganz ihm zuwandte.

16

Der Winter am Jahresende 1967. Kälte, Raureif, Frost, Eiszapfen. Frieren »wie ein Hund unter den Eiszapfen«, hätte unser Dichter Gjergj Fishta gesagt. Meine Oma heizte den Küchenherd früher als die Nachbarn ein. Sie war schmächtig und offenbar sehr kälteempfindlich. Sie entfernte die gusseisernen Ringe von der Herdplatte, steckte mittig vertikal eine Flasche hinein und stopfte drumherum Hobelspäne. Sie zog die Flasche wieder heraus und in das perfekte Loch legte sie entkernte Maiskolben und trockene Holzrinde. Erst wenn diese Mischung Feuer fing, legte sie Holz nach. Aber dieser Winter war so kalt, dass man sich mit dem Hintern auf den Ofen hätte setzen mögen, um die Eiseskälte auszuhalten.

Ich gehe in die Schule, dick eingepackt in Pullover, Handschuhe und Schal aus Wolle, die mir meine Mami gestrickt hat. Ich halte den Kopf gesenkt, damit mein Atem nicht aus dem Schal vor dem Mund entweicht. Ich kenne den Weg blind. Dann bemerke ich zwei Schritte vor mir einen hochgewachsenen Mann mit großem Kopf. Er trägt einen langen schwarzen Mantel. Unter einem Arm hält er ein Bündel akkurat geschnittener Holzscheite und unter dem anderen einen Stapel Notenblätter. Holz und Musik. Diktatur und Feier?!!! Nein! Wohlstand und Klänge vielleicht. Keine Ahnung.

Ich folge ihm. Ich würde ihn aus Neugier gern einholen, um sein Profil zu sehen, aber ich habe Angst, bemerkt zu werden. Er bleibt für einen Augenblick vor dem Fenster eines kleinen Hauses stehen, das sich etwa dreißig Meter vor dem Schultor befindet. Ich bleibe auch stehen. Ich betrachte sein Profil. Markantes Gesicht, Hakennase. Sehr männlich. Ungefähr wie unser Nationalheld Gjergj Kastrioti oder zumindest, wie ich mir ihn vorstelle. Ich komme noch einen Schritt näher und bemerke, wie er aus dem Mundwinkel lächelt. Mehr nicht. Dann setzt er seinen Weg fort. Ich hinter ihm her. Aber...

Etwas bringt mich zum Stehen. Auf der Stelle. Wem lächelte er zu? Wem galt das Strahlen seiner Augen? Ich wende den Kopf zum Fenster und sehe, wie sich eine Gardine schnell schließt. Hinter dem Tüll eine Frauensilhouette, die im Raum verschwindet...

Ich gehe am Schultor vorbei und lege einen Schritt zu, um den Mann zu überholen und ihn von vorn zu sehen. Es ist der Komponist.

Neugierig, obwohl es mich gar nichts angeht, gehe ich am Nachmittag von zu Hause noch einmal auf die Straße und stelle mich vor das Fenster in der Hoffnung, zu erfahren, wer dort wohnt.

Aber in dem Augenblick, als ich mich auf die Zehenspitzen gestellt hatte, um über das Fensterbrett schauen zu können, wurde ich von hinten von einer bekannten Hand am Ohr gezogen. Ich erschrak. Ich erschrak so sehr, dass ich mich einnässte. Ich erkannte die Stimme. Es war der stellvertretende Schuldirektor.

»Hau du noch mal vor den Zahnärzten ab, dann kannst du was erleben«, herrschte er mich an und blies mir eine so starke Fahne ins Gesicht, als wollte er mich betäuben.

Der stellvertretende Schuldirektor betrunken?!!! Ja, ja. Wirklich wahr. Er war Alkoholiker. Das habe ich jedoch erst viel später erfahren, weil er nur von Wenigen beim Trinken gesehen wurde. Er hatte seine eigene Methode. Er bestellte parallel etwa fünf oder sechs Glas Raki in verschiedenen Lokalen im Stadtviertel, nahm überall einen Schluck und unterhielt sich ein bisschen. Er ließ sein Glas halbvoll stehen und zog weiter. Dann kam er wieder zurück und ließ das Glas viertelvoll stehen. Beim nächsten Mal ließ er überall nur einen Schluck übrig, um einen Grund zu haben, eine letzte Runde zu drehen. Er machte das so oft, dass einmal jemand in dem Lokal, in dem er den letzten Schluck trank, laut fragte: Männer, wie geht das bloß?!!! Je weniger er trinkt, umso betrunkener ist er…

17

Und endlich, endlich … war der Dezember da. Für mich der schönste Monat des Jahres, und ich glaube, für uns alle, die wir in dem großen Haus wohnten. Der Monat, in dem die Feiern und Festessen kein Ende nahmen.

Der Dezember begann mit dem Fest des Heiligen Nikolaus am 5., einem obligatorischen Fest für uns Katholiken; dann folgte am 17. der Heilige Lazar, dessen Namen mein Vater trug, am 21. war der Tag des Heiligen Thomas', auf dessen Namen der Bruder meines Opas getauft war, dann war als nächstes natürlich Weihnachten am 25., gleich danach schloss sich der Heilige Stefan am 26. mit dem Namenstag meines Opas Tef und meinem an, und dann endete der goldene Monat mit der Silvesternacht am 31.

All diese Feiern und Feste waren ohne eine bestimmte Person undenkbar. Ein älterer kleiner Mann, Hinkebein, Glatzkopf, mit Schnurrbart und roten Wangen, der beim Fahren auf einem italienischen Fahrrad der Marke »Bianchi« Hosenklammern trug und der eine große Gitarre spielte, eine Sonderanfertigung, die er für zwanzig Napoleondor erstanden hatte. Der Onkel Pjetër.

In Wirklichkeit war er niemandes Onkel, aber Pjetër Gjini wurde von allen so genannt. Früher war er Schriftsteller und Korrespondent der größten Zeitung »Bashkimi i Kombit« und Dichter und Direktor des Unterhaltungsprogramms im Radio Tirana gewesen.

Später … hm … später ist über ihn zu erfahren, dass er gute zehn Jahre abgesessen hat. Vielleicht auch mehr. Er hatte die ganze albanische politische Welt der Zwischenkriegszeit gekannt. Pjetër war immer mittendrin. In welcher Form, das weiß ich im Einzelnen nicht, aber er war angefüllt mit Erinnerungen.

Es waren tragische und schwarzhumorige Erinnerungen. Als eingefleischter Aktionist forderte Pjetër Gjini den Richter am Tag seiner Urteilsverkündung auf, das Fenster zu öffnen, damit ein frischer Wind aus dem Westen hereinweht. Dieser Scherz hatte ihm weitere drei Jahre eingebracht.

Niemand wusste, wie Pjetër Gjini lebte. Vor allem, wovon? Von der Luft, von der Musik, von Stegreifversen, vom Lachen? Ich weiß es nicht. Vielleicht von seinen Liedern »Wo ein Greis ist, fließt Blut«, »Der Mann legt Eier« oder »Im weichen Heu des Hühnerstalls«.

Der Dezember begann in dem Jahr mit einem Wochenende und wir bekamen von meinem Vater eine Anrufbenachrichtigung. Mami, meine Schwester und ich sollten uns Viertel vor fünf auf dem Postamt einfinden. Die Anrufbenachrichtigung war ein Zettel von der Post, auf dem geschrieben stand, dass man an dem und dem Tag um die und die Uhrzeit in die städtische Telefonzentrale kommen sollte, weil der und der anrufen wird. Auch wenn man einen eigenen Telefonanschluss hatte, musste man hingehen, die Benachrichtigung am Schalter vorlegen und warten, bis eine Frauenstimme aus dem Lautsprecher rief: Gespräch von dem und dem mit dem und dem, Kabine Nummer drei. Man sprintete dann in die Kabine Nummer drei. Das Postamt hatte sieben oder acht Einzelkabinen, deren Trennwände so dünn waren, dass man in der Kabine Nummer drei unter Umständen von so lauten Gesprächen aus der Nummer zwei und Nummer vier beschallt wurde, dass man den eigenen Anrufer gar nicht verstand. Wenn man bedenkt, dass vor allem die Auslandsanrufe abgehört wurden und die veralteten Apparate obendrein eine schlechte Akustik hatten, kann man sich vorstellen, was man überhaupt verstand und wie das Gespräch ablief. Meine Schwester und ich verstanden nur die übliche Frage unseres Vaters: »Wie geht es euch, meine Häschen?«, und ich bin sicher, dass wir ihm antworteten: »Gut, gut, und dir?« Mehr nicht. Alles andere erfuhren wir hinterher aus Mamis Gesprächen mit der Familie zu Hause.

Als wir von der Post nach Hause kamen, war Onkel Pjetër schon da. »Wie schade, dass sie ihn in den Osten geschickt haben und er nicht das Glück hatte, in den Westen zu fahren«, sagte er über meinen Vater. Für mich waren damals der Osten und der Westen einfache geographische Begriffe und sie bedeuteten nichts weiter als Himmelsrichtungen.

18

Silvester 1967. Onkel Zef kam früher als Mutti Age und brachte eine Menge ihrer selbstgemachten Vorspeisen mit. Ganz wie zu Hause bereitete er die Tombola vor, Karten aus Karton und Nummern, die mit schwarzer Tusche auf Holzkugeln geschrieben waren.

Alles steckte in einem kleinem Stoffbeutel, als ob es der Staatshaushalt eines kleinen Prinzen wäre. Nach der Tombola spielte man gelegentlich Karten.

Hier muss ich anmerken, dass Spielkarten zu der Zeit selten waren. Sie waren nicht nur selten, sondern auch verboten, weil sie nach Meinung der Kommunisten zum Glücksspiel verführten, das eines der gefährlichsten bürgerlichen Laster war und nichts mit den Tugenden des neuen kommunistischen Menschen gemein hatte. Aber wir besaßen noch aus der Zeit, als Onkel Tom ein Lokal hatte, Spielkarten und Spielgeld.

Die speziellen Vorspeisen für das Neujahr wurden von Mutti Age zubereitet. Sie hatte viele englische Kochbücher. Damals war das Englische in Shkodra überhaupt nicht beliebt. Die katholische Kirche war nach dem Italienischen verrückt, und die muslimische Bevölkerung lernte unter dem Einfluss der Muslime aus Podgorica Serbokroatisch. Englisch? Bäh! Das lernte keiner. Es schien etwas Fernes, das uns nichts anging und das wir obendrein nie brauchen würden.

Die Vorspeisen von Mutti Age. Speziell. Außerordentlich. Sortiert nach der Art des Getränks. Vorspeisen zum Raki, Vorspeisen zum Wein, Vorspeisen zum Bier. Dünne Sardellenfilets, um Kapern gewickelt, die in Olivenöl eingelegt waren. Perfekt zu einem Glas Raki. Und gefüllte Oliven.

»Halt, halt! Was hast du gesagt?!!! Gefüllte Oliven?!!!«

»Ja sicher doch, gefüllte Oliven. Von Mutti Age gefüllt. Sie entsteinte sie Stück für Stück und füllte sie mit Geduld.«

»Mit Geduld? Nein, das geht nicht! Sie füllte sie mit Geduld?!!!«

»Na, ja eigentlich mit kleinen Stücken roten Paprika, ein wenig Schafskäse und einem Viertel Petersilienblatt. Das ist die Bedeutung des Wortes ›Geduld‹.«

Und meine Oma? Also, meine Oma väterlicherseits und die Mutti Angje, die beiden waren Spezialistinnen für Krautrouladen. Sie setzten sich gegenüber an den großen Esstisch, der am Ofen stand, und füllten die gekochten Krautblätter mit sechs Zutaten: Reis, Schweinefleisch, Zwiebeln, Salz, Pfeffer und Gewürzen, was mit den Krautblättern zusammen ein Siebenerlei ergab. Sie umwickelten die Füllung mit dem Blatt und rollten sie mit der Hand zusammen. Je kleiner die Rouladen, um so leckerer waren sie. Dann wurde ein großer Kochtopf mit Krautblättern ausgelegt und darauf wurden die Rouladen geschichtet, die zuoberst mit Krautblättern zugedeckt wurden. Der Topf köchelte auf kleiner Flamme. Der Duft, der sich dabei ausbreitete, war betörend. Die Krautrouladen waren damals in Shkodra so beliebt, dass sogar ein »Krautrouladenlied« entstand. Sie wurden besungen wie eine Geliebte.

In der Silvesternacht feierte gewöhnlich auch der Onkel meines Vaters, Gjon, bei uns mit. Er kam als Vertreter der Familie von Tante Age. Sie schickte ihn zu uns und trug ihm tausend Mal auf, beim Trinken Maß zu halten.

Onkel Gjon war dem Trank und Gesang nicht abgeneigt und Silvester war er in seinem Element. Er sang französische Lieder. Er hatte sie gelernt, als er Hilfsapotheker bei Pashko Ashiku war, dessen Ehefrau aus der russischen Aristokratie stammte. Madame Ashikja, wie sie genannt wurde, konnte zwar ihre Mitbewohner nicht dazu bringen, Russisch zu sprechen, aber dafür war sie bei der Durchsetzung des Französischen erfolgreich.

Der arme Onkel Gjon. Optimistisch gesehen, hatte er nur ein wirkliches Problem, und zwar, dass seine Augen von Tag zu Tag schlechter wurden. Er erblindete allmählich. Ich war beeindruckt, wie heldenhaft er diesem Unglück die Stirn bot.

19

So war es immer. Nach dem lauten und festlichen Monat folgte der depressive, raue und endlos lange Januar. Aber diesmal schien er mir, wahrscheinlich, weil mein Vater im Februar zurückkommen sollte, wie ein langer Güterzug mit unzähligen kleinen Wagen voller Kies.

Den Februar konnte ich auch nicht leiden. Keine Ahnung, warum. Er kam mir wie ein Monat der Krankheiten vor. Meine Unzufriedenheit dauerte bis zum zehnten März, an dem ich meinen achten, einen ganz besonderen Geburtstag feierte. Ich erwartete nämlich viele Mitbringsel von meinem Vater.

In der Zwischenzeit lernte ich im Stadtviertel neue Menschen kennen und erfuhr neue Gerüchte. Eines Tages schlug mein Klassenkamerad Aleks vor, seinen Nachbarn Alfons zu besuchen.

Zu Alfons konnte man ohne weiteres gehen. Er war ein junggebliebener alter Mann, der in seinem Atelier saß, in dem allerlei zu bestaunen war: der Kopf von Apollon, ein Harlekin, Gravuren, griechische Vasen, die albanische Fahne, Bücher über Bücher, eine Schreibmaschine, Basreliefs usw. Und über all dem strahlte der Kopf dieses hochgewachsenen Mannes, bei dem die Glut der Gebirgsbewohner in eine bürgerliche Form gegossen war. Ich glaube, dass er damals schon in den Siebzigern war und dass er bis zu seinem Tod nicht daran dachte, zu altern. Seine Stimme hallte tief im Atelier. »Sein oder Nichtsein; das ist hier die Frage.« Ja. Er war aber auch Macbeth, Harpagon, Don Quichotte und was weiß ich, wer noch.

Als wir hineinkamen, nahm er das Lesebuch aus meinem Schulranzen, blätterte darin und meinte streng:

»Unsere Sprache wurde zerstört. Unser schönes Gegisch wurde vergewaltigt. Unser Albanisch ist zum Geschwätz verkommen. Zur Zeitungssprache. Und wir müssen tatenlos zusehen...«

Er begann, mir, einem Kind, dieses Thema so weit und breit darzulegen, dass ich mich fühlte, als hätte er mich niedergedrückt, mir sein Knie auf die Brust gesetzt und mich verprügelt.

»Gehen wir jetzt zu mir, ich habe genug von Alfons«, flüsterte mir Aleks zu. »Bei mir ist niemand zu Hause, nur mein Bruder.«

Aleks hatte einen zehn Jahre älteren Bruder. Er hatte gerade das Abi gemacht und hing in Erwartung der Einberufung zum Militär herum.

»Bepi ist sehr unglücklich. Er will sich das Leben nehmen. Weil er so klein ist...«

Aleks erzählte so schnell, dass er sich dabei verhaspelte, die Geschichte, wie der Bepi schon in der ersten Klasse der Oberschule die Beti kennengelernt hatte. Sie waren gleichaltrig und Bepi war ganz vernarrt in sie. Damals war Beti noch klein und Bepi ein paar Zentimeter größer als sie. Sie war Bepis erste Liebe, er aber nicht Betis letzte.

Um die Erzählung von Aleks zu vervollständigen, muss ich hinzufügen, dass Beti in den folgenden vier Schuljahren weitergewachsen ist. So sehr, dass sie Bepi um einen Kopf überragte. Als Bepi zum ersten Mal merkte, dass sie gleich groß sind, waren sie in der dritten Oberschulklasse, und er traute seinen eigenen Augen nicht. Sofort trat er in der falschen Hoffnung, schneller zu wachsen, in eine Volleyballmannschaft ein, aber seine ganze Mühe war umsonst.

Beti hatte es nicht nötig, in eine Sportmannschaft einzutreten. Sie wuchs einfach so.

Aber Bepis wahres Leiden begann erst richtig, als ihn Beti unübersehbar überholt hatte und nicht abzusehen war, ob sie überhaupt aufhört zu wachsen.

Zusätzlich zum Wachstum geschahen mit Betis Körper noch andere Wunder. Täglich trat sie mit immer vollkommeneren Formen auf die Straße, als würde sie nicht in ihrem eigenen, sondern im Bett eines Bildhauers schlafen, der jede Nacht ihren Körper, ihre Anmut und ihre Gesichtszüge modellierte.

»Bepi ist mit den Nerven völlig fertig«, schloss Aleks, und beim Auseinandergehen dachten wir darüber nach, wie wir uns in Bepis Haut fühlen würden.

20

Mein Vater kam aus Rumänien an einem späten Abend im Februar des Jahres 1967 zurück. Er wurde vom Flughafen in Rinas abgeholt. Von Mama und Çezar. In der Nacht gab es ein großes Fest im Haus. Nach sechs Monaten Abwesenheit kam er uns ein bisschen wie ein Fremder vor.

Während der sechs Monate seiner Abwesenheit beobachtete ich, dass Opa fast jede Nacht gekrümmt an unserem großen Radio saß und Nachrichten aus London oder dem Vatikan hörte. Der Ton war so leise, dass ich fürchtete, er hört gar nichts. Es war ein deutsches Radio der Marke »SONRA«. Damals verstand ich noch nicht, warum er so leise Radio hört. Was hatte er sich davon erwartet? Und warum legte er den Finger auf die Lippen, wenn ich ihn ansprechen wollte?

Ich hatte unterdessen inständig gehofft, dass die Epoche des Radios in unserem Haus ein für alle Mal zu Ende geht. Mein Vater war außer Landes gereist. Versteht ihr? Außer Landes. Das war außerordentlich. Fantastisch. Und er würde der Epoche des Radios ein Ende setzen. Sollen doch andere Radio hören. Was geht mich das an!

Alle saßen um meinen Vater herum, und er musste die ganze Zeit reden. Sie haben ihn so gelöchert, dass er gar nicht zum Essen kam. Mein Vater hat sie alle zufriedengestellt. Er antwortete. Er passte sich dem Niveau der Fragenden an. Er war schick angezogen – ein schöner Mann.

Gleichsam unwillkürlich umgab ihn eine Wolke aus Erwartungen, eine dramatische Spannung. Vielleicht hätte er mit Geschenken anfangen sollen. Aber in der Reihenfolge hätte sich die ganze Neugier gleich auf das magische Ding konzentriert, und mein Vater und seine Erlebnisse wären vergessen worden.

Mein Vater hatte die Situation bis zu der fatalen und naiven Frage von meiner Oma gut im Griff. Sie hatte ihn nach dem Wetter gefragt. Mit dieser Frage brachte sie alle gegen sich auf, und der Übergang zum letzten Akt, zum Verteilen von Geschenken, wurde unausweichlich.

Ein paar Reisetaschen und eine große Kiste standen in der Ecke. Mein Vater öffnete die Reisetaschen und holte die Mitbringsel nach und nach heraus. Für mich: Einen Bus der Marke »Karpaten«, ein Maschinengewehr mit runder Trommel, einen mit Bonbons gefüllten Gummihasen; für meine Schwester eine große Puppe, die lachen und weinen konnte und in der Hand ein Medaillon mit ihrem Namen Nikoleta hielt, sowie ein paar weiße Schuhe; für Mami ein graues Kostüm, schwarze Schuhe, ein paar leuchtende Perlen und eine Armbanduhr; für Opa ein Taschenmesser mit Flaschenöffner und eine Ansichtskarte mit dem Bild einer zwinkernden Frau; für Oma einen Schal und ein Paar Strümpfe; für seinen Bruder ein weißes Nylonhemd und ein Kartenspiel. Bestimmt hatte Vater noch weitere Kleinigkeiten für seine Cousins und Cousinen dabei, aber wer kann sich daran noch erinnern. Er hatte so viel mitgebracht, als hätte er die sechs Monate nichts für sich ausgegeben.

Und zum Schluss die Kiste... Überraschung, Überraschung, Sesam öffne dich! Und die Kiste öffnete sich. Sie öffnete sich wie von selbst und wir bewunderten aus der Entfernung das Ding, das ausgeklügelt eingepackt war. Es hieß Fernseher! Nachdem sich alle vergewissert hatten, dass das Ding da ist, zogen sie sich zurück und ließen uns allein.

In der Nacht blieben wir in unserem großen Durchgangszimmer alle wach. Schlafen war nicht drin. Wie denn auch?!!!! Nach all den aufregenden Ereignissen einfach einschlafen? Vater unterhielt sich im Bett weiter mit Mami, aber leise und von den Bettdecken gedämpft. Es war nur ein Murmeln zu hören. Meine Schwester und ich forderten sie zwar auf, lauter zu reden, aber sie meinten, wir sollten endlich schlafen, denn morgen sei auch noch Zeit genug zum Unterhalten.

Das war das erste Mal, dass wir nicht folgten und offen aufsässig waren. Standhaft.

Wer weiß, wie geduldig Mami gewartet hat, bis wir einschliefen. Ich, meine Schwester und das Ehepaar, das sechs Monate voneinander getrennt war, in einem Zimmer. Und wie es scheint, kam der Augenblick, in dem ich und meine Schwester schliefen. Ich vermute, merkwürdige Laute breiteten sich im Zimmer aus. Dichte Atemzüge und … und … dann wurden wir wach. Wir wurden alle gleichzeitig aus dem Schlaf gerissen.

Was war los?

Ein furchtbarer Knall. Die Erde bebte. Etwas Großes stürzte, als wäre es ein Meteor. Die Nacht schien den Krach des ersten Augenblicks noch zu steigern.

Angst. In unserem Zimmer sind alle auf den Beinen. Ich, meine Schwester und die Eltern. Mein Vater steckte den Kopf aus dem Fenster. Die anderen hielten den Atem an.

Dunkelheit. Hundegebell. Lärm und eine Staubwolke, die durch das Fenster ins Zimmer zog und mich in der Nase juckte. Ich niese. Niemand sagt Gesundheit. Ich gehe zum Elternbett. Ich kuschele mich an Mami. Es ist kalt. Es ist sehr kalt, ich friere und verstehe nichts.

»Sie haben den Glockenturm der Franziskanerkirche gesprengt«, sagte Vater mit einer Grabesstimme, die ich von ihm nicht kannte.

Schritte im Haus. Meine Eltern gingen auf die Veranda hinaus. Geflüster bis zum frühen Morgen. Ich mit meiner Schwester im Elternbett. Die ganze Zeit Stimmen auf der Veranda. Alle waren wach. Ich glaube, dass sie diese Nacht mit türkischem Kaffee durchwachten und die Leute verfluchten, die unsere Gotteshäuser zerstörten.

21

Am nächsten Tag kam ich spät ins Besuchszimmer. Opa lag halb ausgestreckt auf seiner Liege und schaute bekümmert. Oma kochte Kaffee auf dem Küchenherd, und neben dem Opa saß auf einem Stuhl ein kleiner dürrer Mann und las einen Brief. An den Wortlaut des Briefes kann ich mich nicht mehr erinnern, aber die erschrockenen Augen und der aufgerissene Mund meines Opas, als stehe er am Rand eines Abgrunds, haben sich mir eingeprägt.

Erst sehr viel später habe ich erfahren, dass der kleine dürre Mann in dem alten schwarzen Anzug und weißen Hemd, der wiederholt den Namen des Ministerpräsidenten Mehmet Shehu nannte, Pater Meshkalla war, ein albanischer Jesuit, der erst vor einigen Jahren nach einer langen Gefängnisstrafe wieder freikam. Pjetër Meshkalla war in der Volksschule Klassenkamerad meines Opas gewesen.

Den Brief, der an den damaligen Ministerpräsidenten gerichtet war, gebe ich hier wieder:

Seine Exzellenz,
ich wende mich mit diesem Brief an Sie, um Ihnen von Mensch zu Mensch meine Gedanken mitzuteilen.
Ein schwerer Schatten fiel auf das Volk, als es sah, dass die Kirchen geschlossen und die Glockentürme abgerissen wurden, und insbesondere als zugelassen wurde, dass geistliche Personen und Kultgegenstände verspottet und religiöse Gefühle tief verletzt werden.
Dieser Effekt wurde von der enthemmten und diskreditierenden antireligiösen Kampagne ausgelöst, die mit allen Mitteln der Propaganda betrieben wurde. Als Reaktion darauf strömte das Volk in die Kirchen bis zum letzten Augenblick vor ihrer Schließung. Was für

einen Wert hat dann die Haltung einer unzuverlässigen und eingeschüchterten Minderheit?!
Besonders diejenigen, die verängstigt und mit Versprechen und Drohungen unter Druck gesetzt werden, leiden am meisten, weil sie in Sorge um ihren Arbeitsplatz gezwungen werden, verbal zu negieren, woran sie glauben. Die jetzige Kampagne bringt eine opportunistische Generation ohne zivile Courage und Tapferkeit hervor und sie verdirbt den Charakter der Albaner zum Schaden der Heimat.
Die Menschen haben Angst, sich zu treffen und auf der Straße einander zu grüßen, weil sie entweder beobachtet werden oder »angesteckt« sind! Und wer kann schon wissen, um wen es sich handelt!
Ich komme jetzt zu mir. Ich kann meine Lebenslinie nicht ändern und werde ihr bis zu meinem letzten Atemzug folgen. Eine Behinderung durch einen äußeren Zwang erreicht bei mir nur den Effekt, den Steine oder Dämme im fließenden Wasser haben. Das Volk kennt mich und es weiß, dass ich ihm mein Leben geweiht habe.
Ich bin davon überzeugt, dass wir mit diesem Kampf gegen die Religion vor der Welt, der wir feierliche Versprechen zur Wahrung der Freiheiten und Menschenrechte in Albanien gaben, in Misskredit geraten.
Exzellenz, weder Hass noch Ehrgeiz noch Eigeninteresse haben mich dazu bewogen, Ihnen zu schreiben, sondern ausschließlich das Gewissen, die Wahrheit und das Gute.

Mit vorzüglicher Hochachtung
Pjetër Meshkalla, Katholischer Priester / Den 5. April 1967

Offensichtlich war dies der Grund für das Entsetzen, das ich in Opas Gesicht las. Nach dem Brief schwieg er lange und sah dann dem Pater fest in die Augen. Wörter wie Gefängnis, Folter und Erschießungen fielen.

Oma brachte dem Pater Kaffee, und als der mich bemerkte, wandte er sich erregt an Opa:

»Tef, was ist, wenn jetzt ein Bewaffneter hereinkommt und dir das Kind wegnimmt. Dieses Kind hier«, und er zeigte in meine Richtung. »Stehst du auf und verteidigst es?«, und er rief noch einmal laut: »Stehst du auf? Sprich!«

»Ja«, sagte Opa und sah mir in die Augen. »Ich stehe auf.«

»So ist das«, erwiderte der Pater. »Mir wurde die Kirche weggenommen. Was sagst du dazu? Soll ich sie nicht verteidigen?!«

Er aß zum Kaffee zwei Datteln. Dann steckte er den Brief ein und ging. Zurück blieben die aufgerissenen Augen meines Opas, mit denen er ihm aus dem Fenster hinterherschaute.

Während

1

Genau genommen handelt die hier zu erzählende Geschichte von der Ankunft des Fernsehers bei uns. Unser Haus hat sich verändert, wir haben uns verändert, und soweit ich mich erinnern kann, dauerte es nur ein paar Jahre, bis die magische Kiste auch in anderen Häusern der Stadt Einzug hielt.

Im Winter war es ein warmes Kino und im Sommer ein kühles. Es war kostenlos. Und das Wichtigste daran war, dass man nicht nur Filme, sondern auch Fußball und Nachrichten schauen und dazwischen wechseln konnte, ohne den chronologischen Ablauf beachten zu müssen. Die Erwachsenen konnten sogar eine Tasse Kaffee trinken oder einen Raki zu den Vorspeisen genießen und dabei schauen, worauf sie Lust hatten.

Aber zunächst musste der Fernseher ausgepackt und in Betrieb genommen werden, und das traute sich keiner, weil es nicht so einfach war. Es gab eine Art Scheu davor, das Ding an den Strom anzuschließen. Wenn dabei etwas passiert und ich bin daran schuld? Das trieb jeden an, der in seine Nähe kam.

Deshalb mussten die Brüder Bebi und Franz aus Tirana kommen, unsere entfernten Cousins. Zwei sympathische, dünne Jungs mit Schnurrbart, die gerade erst das Studium der Elektronik abgeschlossen hatten. Beide waren Elektrotechnikingenieure. Damals eine große Sache. Sie reisten mit einem chinesischen Kleinbus an, dem Eigentum der Garantiefirma für elektronische Geräte in Tirana. Sie hatten einen Fahrer dabei. Wir brachten die Kiste herunter ins Besuchszimmer und versammelten uns dort alle. Bebi und Franz packten sie vorsichtig aus. Es war eine »Venus«. Ein rumänisches Fabrikat mit einem Band, das dem jugoslawischen »Ambasador Super« ähnelte.

Während Bebi die Bedienungsanleitung und den Schaltplan

studierte, kritzelte Franz auf einen Zettel, wie die Antenne gebaut werden muss. Ein Aluminiumdipol mit mindestens vier Elementen vorn und einem hinten, montiert auf ein Stahlrohr. Und ein paar Meter Kupferkabel. Der Zettel ging von Hand zu Hand und verschwand aus dem Besuchszimmer, ebenso wie einige Personen, die ihn mitnahmen. Der Fernseher wurde auf der Anrichte platziert. Er wurde eingeschaltet und der Bildschirm füllte sich mit Schnee. Das Zimmer füllte sich mit Lärm. Nichts. Nichts.

»Wie nichts????!!!!!!!!!«

»Seid nicht traurig«, tröstete Bebi. Das dauert ein Weilchen. Zunächst braucht man eine Antenne. Ohne Antenne empfängt man kein Signal.

»Aha. So ist das also?!!!«

Der Tisch wurde gedeckt. Während die Antenne von irgendjemandem irgendwo gebaut wurde, trug man Raki und natürlich Vorspeisen auf. Meine Oma hatte Krautrouladen zubereitet, wie an Silvester. Und was für Krautrouladen! Nicht wie für Silvester, sondern wie für den Fernseher. Kleine Stücke. Die Krautblätter fest eingerollt und klein.

Inzwischen kam auch schon ein großer Nachbar ins Zimmer geeilt. Ein ganz großer mit der Antenne in der Hand. Nach zehn Minuten tauchte der nächste auf. Auch er groß und mit einer zweiten Antenne. Schließlich erschien noch ein enger Freund meines Onkels und brachte ein paar Meter Kupferkabel aus der Drahtfabrik mit, in der er als Ingenieur beschäftigt war.

Franz steckte sich noch eine Krautroulade in den Mund, leerte sein Glas und machte sich an die Verbindung zwischen der Antenne und dem Fernseher. Dann wurde die Antenne nach draußen gebracht und der Größere von den beiden lief über den Hof und trug sie in der hochgestreckten Hand.

Da! Nein … nein … nein. Ja. Da. Beweg dich nicht. Das Signal! Das Signal ist da. Nein. Weg. Ja, ja, ja, genau. Dort. Bleib.

Ja. Es ist da. Nein. Wieder weg. Es war da und es war weg, es war da und es war weg, da und dort, tiefer und höher, leise und laut, aber es gab keinen Empfang. Man brauchte ein großes und langes Rohr. Ganz lang, im Boden verankert und mit der Antenne an der Spitze, die über den Dachfirst hinausragen und deren eines Ende in den Süden gedreht werden sollte.

Krautrouladen. Raki. Na, der Fernseher machte uns vielleicht Spaß! Der Ingenieur ging los, um ein langes, ein viel längeres Kabel zu besorgen. Die zwei anderen Großen machten sich auf den Weg in die entsprechenden Betriebe, um ein zehn Meter langes Rohr zu stehlen. Gott allein weiß, wie sie es von dort bis hierherbrachten. Dann wieder Krautrouladen. Raki. Unterhaltung, Menschen. Von allen Seiten Glückwünsche zum Fernseher, der Freude bringen und lange gut funktionieren sollte. Am Ende bin ich eingeschlafen, ohne in dieser Nacht ferngesehen zu haben.

2

Am nächsten Tag fuhren Bebi und Franz zurück nach Tirana. Mein Vater fuhr in seinen Betrieb, um mit den Kollegen nach seiner langen Abwesenheit Wiedersehen zu feiern. Wir, die anderen, blieben zu Hause und warteten, dass er wieder heimkommt und ihn einschaltet. Niemand traute sich, diesen Zauber vor seiner Rückkehr zu vollführen. Mein Vater hatte sich alles, was ihm Bebi und Franz erklärt hatten, in einen kleinen Notizblock geschrieben und er trug dieses Manual mit sich als wäre es eine gekürzte Version des Neuen Testaments.

Mein Vater war entgegen seiner Gewohnheit pünktlich. Er brachte sogar vier Freunde mit. Alle hatten dasselbe Ziel: Fernsehen. Ich glaube, einer von ihnen sagte, dass dieser Fernseher der fünfte in der ganzen Stadt war. Bis jetzt hatten nur der Erste Bezirkssekretär der Partei, der Vorsitzende des Exekutivkomitees, ein Arzt, an dessen Namen ich mich nicht erinnere und Kola Sinaj, ein Briefmarkensammler, der ihn für eine wertvolle Briefmarkenserie eingetauscht hatte, einen. Stellt euch eine Stadt mit fast hunderttausend Einwohnern mit nur fünf Fernsehern vor. Zwanzigtausend Einwohner auf einen Fernseher.

»Was wollt ihr denn gucken?«, fragte mein Vater. Offenbar bemerkte er sogleich, dass er sie gefragt hatte, als hielte er ein Fernsehprogramm in der Hand und deshalb korrigierte er sich schnell: »Also, sollen wir die Antenne zum Italiener oder zum Jugoslawen drehen?«

Sie zuckten mit den Schultern, als hätte er ihnen die schwerste Frage der Welt gestellt oder als würden wir eine Satellitenantenne besitzen, die tausende Kanäle bot.

Damals konnte man nur drei Sender schauen. Der albanische Fernsehfunk begann vier Stunden am Tag zu senden. Dann gab es noch das italienische öffentliche Fernsehen RAI UNO und den Sender TV Jugoslavija. Das Problem war, dass man für jeden Sender hinausgehen und die Antenne drehen musste.

Ohne ihre Antwort abzuwarten, schaltete mein Vater das Gerät ein und auf dem Bildschirm erschien das italienische Fernsehen, mit dem sie in der letzten Nacht aufgehört hatten.

Zwischendurch hatte sich herumgesprochen, dass mein Vater wieder zu Hause ist, und aus der Stadt rückte eine ganze Kompanie Menschen bei uns ein. Gleich waren auch die Nachbarn zur Stelle, und innerhalb weniger Minuten hatte sich das Besuchszimmer mit rund dreißig Personen gefüllt.

Wir hatten Glück, dass wir den Fernseher genau in dem Augenblick eingeschaltet hatten, als gerade die Vorschau des Wochenprogramms begann. Fantastisch. Wir spitzten die Ohren.

Alle spitzten die Ohren. Der Notizblock wurde aufgeschlagen. Angelegt wie ein Terminplaner mit Tagen und Uhrzeiten. Gespitzter Bleistift. Fertig! Los:

Montag, 20:30, »La dolce vita«, in der Regie von Federico Fellini und in den Hauptrollen die Schauspieler Marcello Mastroianni und Anita Ekberg.

Dienstag, 20:30, Theater, »Non si sa come« von Luigi Pirandello mit Vittorio Gassman.

Mittwoch, 20:30, Premiere, Charlie Chaplin und Sophia Loren in »A Countess from Hong Kong«.

Donnerstag, 20:30, Teil 5 des Films »McBain« mit Christopher Walken.

Freitag, 20:30, »Rischiatutto«, eine Quizsendung, moderiert von Maik Buongiorno.

Samstag, 21:00, »Canzonissima«, präsentiert von Mina, Walter Chiari und Paolo Panelli, überraschend gewonnen von Gianni Morandi, der das berühmte Lied »Scende la pioggia« sang. Das wussten wir aus dem Radio.

Sonntag, »La Domenica Sportiva«.

Und dann… Das ist genug! Aber da war doch noch was?!!! Warte doch... Er hat doch noch etwas angesagt… Danach… Was danach? Was willst du denn noch?!!!

3

Und dann war auch schon Abendbrotzeit. Das Haus war voll. Meine Oma ging hinaus in den alten Stall und zündete den Petroleumkocher an, den sie im Sommer benutzte, um für das Abendessen Bratkartoffeln mit Ei zuzubereiten. Ansonsten hätte sie am Herd gekocht, der sich in der hintersten Ecke des Besuchszimmers befand. Wie aber drinnen kochen?! Dort war alles voller Menschen. Also fror die Arme draußen.

Mami kam und brachte meine Schwester und mich nach oben ins Schlafzimmer, damit wir dort die Hausaufgaben erledigen. Wir folgten ihr aus dem Besuchszimmer fast weinend.

Und unten wurde *er* erwartet, Benjamin. Er galt fortan als unser offizieller Dolmetscher aus dem Italienischen. Für ihn wurde ein besonderer Stuhl rechts unterhalb des Fernsehers reserviert. An dieser Stelle muss ich ergänzen, dass der Verwendungszweck unserer Kredenz sich nach der Ankunft des Fernsehers änderte und er, also der Fernseher, nicht auf Augenhöhe der sitzenden Zuschauer, sondern oben, fast schon an der Decke, angebracht wurde, damit alle sehen können, Groß und Klein.

Benjamin kam. Er setzte sich auf seinen Platz und legte mit dem simultanen Dolmetschen los, als wäre er zweisprachig aufgewachsen. Er dolmetschte so schnell und so fließend, dass er sich auf einmal erschöpft an meinen Vater wandte, ganz tief Luft holte und ihn ansprach:

»Lazër, es wäre gut, wenn ihr ein wenig Italienisch lernen würdet. Jetzt, wo ihr einen Fernseher habt, wäre es schade, es nicht zu beherrschen. Ihr seid noch jung. Ihr lernt es schnell.«

In dem Moment, als mein Vater den Mund aufmachte, um ihm zu antworten, ging gegenüber die Tür auf und Kristo Patanaku kam herein, ein kleiner schwarzhaariger Mann mit großem Kopf, gekleidet in eine Jacke und mit einer verchromten Pistole am Hosengürtel. Kristo Patanaku war der Spitzel unseres Viertels, oder anders gesagt, ein öffentlich bekannter Spitzel unseres Viertels, oder noch anders ausgedrückt, ein operativer Mitarbeiter, das heißt ein offizieller Spitzel.

»Viel Freude am Fernseher, Tef Çapaliku!«, beglückwünschte er meinen Opa als Hausherrn.

»Danke und sei uns willkommen«, begrüßte ihn mein Opa, und es schien, dass sich alle wieder beruhigten.

Kristo war unser Nachbar, und er hat uns wirklich nie etwas Böses getan.

»Wie geht es euch«, wollte er das Gespräch eröffnen, aber mein Vater fiel ihm harsch ins Wort.

»Wir reden gerade darüber, einen Italienischkurs anzufangen«, klärte er ihn auf.

»Ja, warum auch nicht«, meinte Kristo, »jetzt, wo wir fernsehen können«, und er lachte, als hätte man ihn um Erlaubnis gebeten.

Der Italienischkurs wurde umgehend begonnen. Benjamin schrieb alle Lektionen in gotischer Schrift auf, als wäre er ein Schüler Gutenbergs gewesen. Allein in unserem Haus hatten sich zwölf Gäste für den Kurs angemeldet, und wenn man noch sieben oder acht von unseren Familienmitgliedern dazurechnet, waren es rund zwanzig Personen. Also eine ganze Schulklasse. Nach den heutigen Standards der Europäischen Union. Der Lehrer war natürlich Benjamin. Mein Vater hektographierte die Lektionen unter dem Titel *»Lezzioni della lingua italiana«* zwanzig Mal. An den ersten Lektionen nahm ich auch teil.

Prima Lezione: Oggi parliamo di natura… So begann der Italienischunterricht. Als wäre er das Alte Testament. Benjamin als Priester und wir als Katechismus-Klasse.

4

Kurzum, in unser Haus strömten nacheinander allerhand Leute: Verwandte, Nachbarn und Freunde, so dass kein Platz mehr frei war.

Dennoch wurde das Besuchszimmer nicht zu einer Herberge ohne Türen. Es herrschte eine Art Hierarchie. Wir hatten im Besuchszimmer nur sechs Stühle. Italienische Stühle von der Hochzeit meines Opas. Dann gab es noch Opas Chaiselongue und zwei lange Bänke aus poliertem Holz, die für das Fernsehen angeschafft wurden. Wer dazu kam und keinen Sitzplatz hatte, musste seinen Stuhl oder Hocker selbst mitbringen. Das Besuchszimmer sah wie ein Möbelladen aus.

Das also war die innere Geografie des Besuchszimmers, mit Ausnahme von Benjamins Stuhl außer der Reihe unterm Fernseher und von Opas Chaiselongue, von der er sich zum Zeichen seiner Macht keinen Zentimeter rührte.

Zwei Stühle wurden für Rosar und Maria freigehalten. Rosar war ein Freund meines Vaters, ein alter Chemiker, Leiter des landwirtschaftlichen Labors, der während des Kriegs in Perugia studiert hatte und ledig war. Er hatte ganz weißes, am Hinterkopf lockiges Haar und trug immer ein weißes Hemd mit Goldknöpfen, auf denen das Bild von seinem alla turca gekleideten Großvater mit Schnurrbart zu sehen war. Er wohnte mit seiner Schwester Maria zusammen, die an beiden Armen mit Goldarmbändern geschmückt war und weißes, schütteres Haar hatte und die den ganzen Tag im Brotladen verbrachte, um zwei Baguettes zu verdienen.

Zwei weitere Stühle wurden für Professor Kola und seine Frau, Tante Neta, freigehalten. Die zwei übrigen Stühle waren für Professor Gjon Shllaku und seine Frau, Tante Neta reserviert.

Professor Kola begann damals sein mehrbändiges historisches Wörterbuch des Albanischen, und Professor Gjon hatte gerade seine Übersetzung von Homers »Ilias« abgeschlossen und die Übersetzung der Dramen von Sophokles begonnen. Ihre Ehefrauen, die beide Antoneta hießen, waren Grundschullehrerinnen. De jure hatten weder Kola noch Gjon den Titel »Professor«, aber das spielte für unsere Kommunikation keine Rolle.

Nur wenn eines der Ehepaare nicht gekommen war, nahm Opa sein Recht wahr, zu bestimmen, wer sich auf die freien Stühle setzen durfte.

Die einzige Person außerhalb dieser Hierarchie, die im Zimmer einen speziellen Platz bekam, war Cen Pinuci. Ein alter, kleinwüchsiger Mann, für den ein hoher Hocker neben dem Stuhl von Benjamin in der Nähe des Fernsehers bestimmt war. Cen wurde aus der Hierarchie herausgenommen als Zeichen des Respekts und der Demut, die mein Opa für Menschen mit Behinderung empfand. Oft hatten die Kinder schon den Hocker von Cen besetzt, aber sobald er erschien, war sein Platz innerhalb von Sekunden frei. Cen hatte früher in der Schuhwerkstatt meines Opas als Gehilfe gearbeitet.

Mein Vater, der auf die Preise der Eintrittskarten in Kinos anspielte, die es in den Kategorien zu zwanzig und fünfzehn Lek gab, nannte im Scherz die Stühle Zwanziger und die Hocker Fünfzehner.

Nach dieser Einteilung wurden also auf die Fünfzehner die weniger Wichtigen und die zu spät Gekommenen platziert.

»Warum macht ihr das nicht wie Kola Sinaj?«, wurde mein Vater eines Abends von Nikolina Suma gefragt.

»Und wie macht er das?«, wollte mein Vater wissen.

»Aaaaaaa, er spricht Einladungen aus«, belehrte ihn Nikolina. »Dass wir uns nicht missverstehen, er macht das gratis. Wenn ein Fußballspiel läuft, lädt er Fußballfans ein. Zu Canzonissima lädt er Musikfans ein. Wenn ein Film oder ein Theaterstück gezeigt wird, lädt er Kulturinteressierte ein. Ja, ja«, fuhr sie fort, »er vermischt die Leute nicht so wie ihr.«

Das heißt, es wurde kritisiert. Offen, aber hinter dem Rücken seit längerem auch unfreundlich.

Ich hörte einmal, wie Mane, die Frau von Tade Shiroka, im Brotladen zu Marie, der Schwester von Rosar sagte, dass es ihr nicht zustehe, auf dem Stuhl sitzend fernzusehen, wenn die Frau von Doktor Saraçi dabei war.

Und da wir gerade bei der Frau des Doktors sind, muss ich an dieser Stelle hinzufügen, dass sie als Italienerin, die vor fünfundzwanzig Jahren hierherkam, immer Tränen vergoss, wenn sie Kurznachrichten schaute, vor allem aus ihrer Heimatstadt Rom.

»Ach du lieber Gott, wie hat sich die Mode in Rom verändert«, seufzte sie eines Abends und ging schluchzend zur Tür hinaus.

5

Der Gerichtsprozess gegen Pater Meshkalla wurde im großen Auditorium des Pädagogischen Hochschulinstituts in Shkodra abgehalten. Opa schickte meinen Vater hin, um zu sehen, was passiert. Er hatte es selbst nicht übers Herz gebracht. Er fürchtete sich davor, dass sich seine Prophezeiung erfüllen würde, als sie sich über den Brief gestritten hatten. Ich kann nicht, sagte er, ich habe Angst, dass ich weinen muss und mich blamiere.

Mein Vater ging los. Mami flüsterte ihm an der Türschwelle etwas ins Ohr. Etwas wie: »Vorsicht«. Ich weiß es nicht genau. Ich glaube, dass das schon alles war.

Als mein Vater nachts zurückkam, ging er direkt in Opas

Schlafzimmer und berichtete ihm leise. Man hatte eine Art Versammlung organisiert, um die religiösen Aktivitäten des Paters Pjetër Meshkalla zu entlarven und den Saal für falsche Zeugen, Spitzel sowie Mitglieder der Partei und der kommunistischen Jugend reserviert.

»Und der Pater?«, fragte Opa.

»Als er sah, dass das Auditorium vollbesetzt ist und dass sogar Lautsprecher für die Straße installiert waren, sagte er: ›Ach, wie gut, dass ich die Gelegenheit bekomme, mich einmal mit Lautsprechern an das Volk zu wenden. Ich bin Katholik und glaube an Gott.‹ Dann setzte Pater Meshkalla in einem noch schärferen Ton die Entlarvung der offiziellen Öffentlichkeit fort: ›Sie können Kirchen abreißen, aber die Erde bleibt bestehen. Sie zerstören Kirchen und Moscheen. Schande! Auf dem Heimatboden von Kastrioti richten Sie Verwüstung an. Schande!‹

Dann begannen im Saal in hitzigem Ton die bestellten Argumentationen gegen Gott und die Religion. Der Pater wurde als ›Volksverräter und Agent des Vatikans‹ angeklagt.

Daraufhin wurde er noch mutiger, und ohne mit der Wimper zu zucken, erklärte er: ›Als ich geboren wurde, hatte ich nur einen Namen, Albaner, weil ich albanische Eltern habe, und dann wurde ich auf den Namen Pjetër getauft und Katholik genannt… Deshalb ist mein erster Name auf dieser Erde, den ich in Ehren halte, der Name Albaner.‹

Anschließend wurde ihm vorgehalten, dass die Jugend nicht hinter ihm steht«, fuhr mein Vater mit einem bitteren Lächeln fort. »Pater Meshkalla entgegnete: ›Die Menschen sorgen sich um ihr tägliches Brot, aber die servile Jugend, die Sie jetzt erziehen, wird Sie eines Tages nicht mehr ertragen, sie wird Sie abschütteln und davonjagen.‹

Zum Schluss, als man ihm die Handschellen angelegt hatte, wandte er sich noch einmal ans Publikum mit der Feststellung, dass sich dieses Regime nicht lange an der Macht halten würde, wenn das Volk Redefreiheit hätte. Er schloss, wie es sich für einen Jesuiten gehört, mit einem lateinischen Zitat: ›Errare humanum est, sed in errare perseverare diabolicum est.‹ (Irren ist menschlich, aber auf Irrtümern zu bestehen ist teuflisch.)

Er wurde zu zehn Jahren Gefängnis verurteilt«, beendete mein Vater seinen Bericht.

»Ich mache mir Sorgen, dass er das nicht mehr übersteht«, bemerkte mein Opa. »Er ist gesundheitlich angeschlagen. Und starrköpfig. Er hat es gerade so überstanden, als sie ihn 1946 zum ersten Mal eingesperrt hatten. Aber diesmal? Das weiß nur Gott…«

6

Das Ereignis wurde medial sehr gut vorbereitet. Es gab keine Nachrichtensendung, in der die Worte des früheren amerikanischen Präsidenten John F. Kennedy nicht zitiert worden wären, die er am Rednerpult im Kongress vorgetragen hatte: »Ich glaube, dass diese Nation sich dazu verpflichten sollte, noch vor dem Ende dieses Jahrzehnts das Ziel zu erreichen, einen Menschen auf dem Mond landen zu lassen und ihn dann sicher wieder zur Erde zurückzubringen.« Das Raumschiff hieß »Apollo 11« und es sollte nach Apollo 8, Apollo 9 und Apollo 10 die erste bemannte Raumfahrtmission mit einer erfolgreichen Mondlandung werden.

»Sie wird genauso enden, wie die davor«, prophezeite Genosse Hysen vom Fünfzehner und holte aus dem Mund seine gelben Zähne heraus, die wie georgische Maiskörner aussahen.

Genosse Hysen war Parteisekretär im Dorf Bushat, wo mein

Vater zum Agronomen ernannt worden war. Er legte die zwanzig Kilometer von Bushat zu uns in einer Kalesche zurück, nur um fernsehen zu können. Das Pferd band er oft in unserem Garten an und gab ihm Heu, das er aus der Kooperative mitgebracht hatte. Trotz des Pferdes und des Heus behielt er den Antiamerikanismus wie eine Krankheit aus der Zeit bei, als wir mit der Sowjetunion verbündet waren.

»Er hat wohl zu Mittag die Parteizeitung ›Zëri i popullit‹ gegessen«, flüsterte Onkel Zef vom Zwanziger unserem Dolmetscher Benjamin ins Ohr.

»Wer hat dir das gesagt, Hysen, dass sie genauso enden wird wie die davor?«, schleuderte Opa Tef wie ein Bussard Hysen ins Gesicht. Merkwürdigerweise fürchtete sich Genosse Hysen vor meinem Opa. Vielleicht war das der alte Komplex eines Dörflers, vielleicht die traditionell bedingte Unterwerfung gegenüber dem Hausherrn, vielleicht die Abwesenheit von Kristo Patanaku, seines treuen Verbündeten, oder wer weiß was, jedenfalls wandte sich Genosse Hysen fast schüchtern an meinen Opa und beteuerte: »Herr Tef, das war nicht so gemeint. Wir wünschen niemandem was Böses, denn schließlich sind auch sie Söhne ihrer Mütter.«

Genosse Hysen ließ über die Amerikaner Gnade walten und nannte sie »Söhne ihrer Mütter«: Neil Armstrong und Buzz Aldrin, die an dem Abend zum ersten Mal den Mond betraten.

Ich glaube, dass an diesem Nachmittag alle gekommen waren, um dieses außerordentliche Ereignis zu sehen. Ganz gewiss alle, die ich kannte, aber darüber hinaus noch viele andere.

Wir Kinder saßen auf einer kleinen Matratze auf dem Fußboden unter dem großen Esstisch, aufgereiht wie Schwalben auf einer Leitung.

20. Juli 1969. Gluthitze. Alles »On Air«. Mir war nicht klar, was Oma und Mutti Angje im Zimmer wollten, aber die Arbeit

lief ihnen nicht davon. Auch sie wollten Zeuginnen dieses großen und nie gesehenen Ereignisses sein.

Um 20:18 machte Armstrong den ersten Schritt auf dem Mond. Ich weiß nicht, was im Zimmer geschah. Ich weiß es nicht. Ein Geräusch, und danach ein Luftholen wie zum letzten Mal. Als würden alle gleichzeitig den Atem anhalten. Und gleichzeitig ausatmen. Armstrong schwankte, er fiel aber nicht, er hüpfte, als wäre er vom Wäscheschrank auf Opas weiches gefedertes Bett gesprungen.

»Schscht«, zischte Benjamin und dolmetschte schnell:

»Das Raumschiff Apollo hat drei Teile: das Kommandomodul mit einer Kabine für drei Astronauten, das Servicemodul, das das Kommandomodul mit Motor, Strom, Sauerstoff und Wasser unterstützt, und das Lunarmodul für die Landung auf dem Mond.«

»Siehst du, Genosse Hysen! Drei Module...«, wagte jemand zu kommentieren, aber er wurde von Benjamins Schauspielerstimme unterbrochen:

»Ein kleiner Schritt für einen Menschen, aber ein riesiger Sprung für die Menschheit«, dolmetschte Benjamin, als im Zimmer ein »Mir ist schlecht!«, ertönte. Mutti Angje wurde von der Hitze und dem Mangel an Sauerstoff ohnmächtig. Das war der Gipfel! Sie wurde ohnmächtig, und niemand rührte sich.

»Hey, Leute! Merkt ihr gar nichts? Sie ist ohnmächtig geworden. Hey! Seid ihr keine Menschen mehr, oder was?!!!!«

»Macht das Fenster auf! Das Fenster auf! Das Fenster auf, sage ich«, und schon wurde Mutti Angje wie eine Feder hinausgetragen. Nachdem sie mit ihren Helfern draußen war, wurde im Zimmer für einen Augenblick eine Befreiung spürbar, als hätte man den Gürtel ein Loch lockerer geschnallt.

Aber diese Befreiung dauerte nur einen Augenblick, weil durch die große Fenstertür, aus der Mutti Angje hinausgetragen wurde, Met vom Kino mit der Frage hereinkam: »He, was war zwischendurch los? Sind sie schon gelandet?«

Met war Filmvorführer im Kino »Republika«. Seit wir den Fernseher hatten, spannte er im Kino den Film ein, kam zu uns und schaute sich einen anderen Film an. Er zählte die Zeit, kehrte ins Kino zurück, wechselte die Spule und eilte wieder zu uns, um den Film weiter zu sehen. Der arme Met hatte im Fernseher keinen Film vom Anfang bis zum Ende ohne Unterbrechung gesehen. Deshalb fragte er bei seiner Rückkehr immer: »He, was war zwischendurch los?«

Unterdessen hissten Armstrong und Aldrin auf dem Mond die amerikanische Flagge. Mein Gott, wie schön! Sie befestigten sie irgendwo zwischen den Steinen, sprangen umher und sammelten Materialproben.

»Wie die Affen«, sagte Genosse Hysen wütend zu seinem Freund Kristo Patanaku, der jetzt neben ihm saß.

»Wie von deiner Mutter geboren«, war eine leise und sanfte Stimme von hinten aus der Ecke zu hören. Niemand bekam mit, wer das gesagt hatte, aber die Gemüter hatten sich erhitzt.

Auf der einen Seite brach zwischen dem Genossen Hysen und denen, die an der Tür saßen, ein heftiger Streit aus und auf der anderen Seite ein großes Gelächter. Genosse Hysen wusste nicht, wofür er sich rächen sollte. Dafür, dass die Amerikaner auf dem Mond gelandet waren, oder dafür, dass seine Mutter beschimpft worden war. Ich weiß es nicht. Vielleicht für beides. Vielleicht nur für das erstere.

Mein Opa musste wie ein Fußballschiedsrichter dazwischen gehen, damit sich die Situation wieder beruhigte.

»Keinen Streit in meinem Haus«, ordnete er strikt an, als wäre das ein starker, direkter und heftiger Strafstoß: Tor!

7

Die Rückkehr meines Vaters brachte uns Glück, denn nur wenige Monate nach der Ankunft des Fernsehers wurde mein Onkel mütterlicherseits freigelassen. Aus Anlass der Feierlichkeiten am 28. und 29. November, des Tages der Unabhängigkeit und des Tages der Befreiung, wurde eine große Amnestie erlassen. Ich habe eigentlich nie so richtig erfahren, warum mein Onkel eingesperrt worden war, aber allein die Tatsache hat mich unsicher gemacht.

Es wurden ihm ein paar Jahre erlassen, und endlich – oder vorläufig – wurden meine Großeltern von der Last der strapaziösen Reise für die Besuche bei ihrem eingesperrten Sohn befreit.

Wenn ich im Sommer meine Großeltern in Tirana besuchte, war ich immer von einer Pfanne mit einem kurzen Stiel beeindruckt. Die Pfanne war normal, aber der Griff war so kurz, dass er in eine Hand passte.

»Dein Onkel mag Pfannkuchen«, klärte mich Oma Antigoni auf, »deshalb haben wir den Stiel verkürzt, damit die Pfanne gut in die Tasche passt. Wenn wir ihn im Gefängnis besuchen, macht dein Opa draußen Feuer mit den mitgebrachten Holzspänen, ich bereite den Teig in einer Schüssel zu und wir braten die Pfannkuchen, damit er sie noch heiß essen und auch den anderen noch warme geben kann.«

Nach der Entlassung meines Onkels kamen sie uns in Shkodra besuchen. Sie waren zu viert: Oma, Opa und zwei Onkel. Ich erinnere mich, dass die Onkel meiner Schwester und mir Bananen mitbrachten. Es war das erste Mal, dass nicht nur ich, sondern das ganze albanische Volk mit eigenen Augen Bananen sah. Anscheinend trieb der albanische Staat damals Tauschhandel wie in der Antike. Das heißt, er tauschte Tomaten gegen Traktoren oder Paprika gegen Penicillin. Könnt ihr euch vorstellen, wie viele Lastkähne mit Tomaten gefüllt werden mussten, um dafür einen Traktor zu bekommen?! Möglicherweise gab es irgendwo eine Störung und im Tausch bekamen wir Bananen, die in den Läden fast alle verfaulten, teils, weil der Preis sehr hoch war, und teils, weil die Leute gar nicht wussten, was das überhaupt ist.

In Shkodra macht man sich heute noch über die Südalbaner ein bisschen lustig. Die Gründe dafür kenne ich nicht genau, aber sicherlich liegen sie an mangelnder Kommunikation. Wir sind uns fremd, obwohl es einige gelegentliche Verflechtungen gibt. Im Allgemeinen versuchten die Shkodraner, sich über die Südalbaner in Form von Witzen und Anekdoten zu erheben. Wenn zum Beispiel im Fernsehen ein polyphones Lied aus dem Süden ausgestrahlt wurde, sagten sie, dass es morgen regnen wird.

Mittlerweile glaube ich aber, dass der Hauptgrund in dem Vorurteil lag, dass alle Südalbaner Partisanen und Parteimitglieder sind. Zum anderen wurden sie von Shkodranern ähnlich verspottet wie Dörfler. Lange Rede, kurzer Sinn, ich glaube nicht, dass sich die Leute aus dem Süden heimisch fühlten, wenn sie hierherkamen.

Andererseits galten wir für sie politisch als reaktionär, nicht besonders reinlich, und unsere Esskultur kam ihnen kümmerlich und eintönig vor. Wir waren die Menschen, die kein Gemüse kennen, nur Fleisch mit Reis und Baklava essen und ihr Geld in Lokalen verschwenden.

Die Verwandten meiner Mutter waren bei ihrem Besuch in Shkodra mehr oder weniger dieser Atmosphäre ausgesetzt. Diesmal vermischten sich jedoch zwei sonderbare und scheinbar entgegengesetzte Eindrücke: die Entlassung meines Onkels und die Ankunft des Fernsehers.

Der Einzige unter den Verwandten, der dem verführerischen Fernseher widerstand, war mein Opa Anastas. Während sich im Erdgeschoss das Kino füllte, sah ich ihn oben im zweitürigen Zimmer beim Hören von Nachrichten eines griechischen Senders.

Der gerade entlassene Onkel stand unter der strengen Auflage, nichts zu erzählen. Er war Arzt und das Einzige, womit er sich in diesen Tagen, abgesehen vom Fernsehen, beschäftigte, waren Schachspiel, Spaziergänge auf dem Hauptplatz und ärztliche Besuche bei den älteren Verwandten.

Doch die Neugier gegenüber gerade entlassenen Häftlingen war groß in Shkodra. Das fühlte ich anhand der Fragen, die meinem Onkel gestellt wurden. Viele Leute suchten ihn gezielt auf, um von ihm zusätzliche Einzelheiten über ihre eingesperrten Familienmitglieder zu erfahren. Und dann wurde so endlos geredet, dass es für mich schwer war, zu folgen.

8

Früher Morgen. Ich bin allein. Ich gehe schon in die vierte Klasse und bin gewachsen. Ich gehe auf die Straße und höre Geräusche von irgendwo oben. Erst als ich am Ende der Gasse ankomme, erkenne ich die Quelle der Geräusche. Da drüben. Da drüben sehe ich Kristo Patanaku auf dem Dach seines Hauses. Was macht er dort? Kann es jemand erraten?

Na? Wohl kaum. Der kleine, dicke, schwarzhaarige, ängstliche, vertrottelte, rotgesichtige Mann mit der Pistole am Gürtel, bekannter Spitzel der Staatssicherheit, unser alter Nachbar, der uns nie was Böses angetan hatte, brachte auf dem Dach mit zwei anderen Männern, die ich vom Sehen kannte, eine … eine … Fernsehantenne an. Wow?!!! Kristo Patanaku hat einen Fernseher? Vielleicht. Alles ist möglich in diesen Zeiten.

»Ja. Nein! Nein, meine Lieben! Kristo Patanaku hat eine Antenne, aber keinen Fernseher.«

»Wie bitte?!!! Er hat keinen Fernseher, aber eine Antenne?«

So ist das. Er hat keinen Fernseher, aber eine Antenne, und er ist davon überzeugt, dass der Fernseher jeden Augenblick bei ihm eintrifft. Er ist schon unterwegs, und Kristo Patanaku kann ihn kaum erwarten. Eine Frage von wenigen Minuten. Und er hat nicht vor, denselben Fehler wie wir zu begehen, die sich einen Fernseher besorgten und nicht wussten, dass sie auch eine Antenne brauchen. Was für Trottel!

Aber die Minuten bis zum Eintreffen des Fernsehers zogen sich in die Länge, und als ich erwachsen wurde, war er immer noch nicht eingetroffen. Am wichtigsten war jedoch, dass in unserem Viertel von jetzt an zwei Antennen in den Himmel ragten: eine über unserem und die andere über seinem Haus.

Ich weiß nicht, ob sich Kristo Patanaku jemals einen Fernseher gekauft hat. Ich glaube, eher nicht. Er ging gern zu anderen Leuten, um fernzusehen. So hatte er auch ein bisschen Unterhaltung und wie man sich unschwer vorstellen kann, wurde er immer mal mit Raki bewirtet.

Ich ging weiter. Ich begann zu begreifen, dass das Leben in unserem Viertel nicht ganz so glücklich war, wie ich gedacht hatte. Ich sah müde Menschen mit schlaffen Gesichtern wie Theatermasken. Seit wir den Fernseher hatten, achtete ich auf ihre Kleidung. Ich hatte Vergleichsmöglichkeiten. Ich sah täglich mehr schlecht gekleidete Menschen, manche auch barfuß.

Auf der rechten Seite der Straße, die zu meiner Schule führte, befand sich der Laden von Rrok Prenduca. Er war wohl der einzige Privatunternehmer in Albanien. In meiner Stadt war er zweifelsohne der letzte Mohikaner. Was stellte Rrok Prenduca her? Kränze. Trauerkränze. Er war der erste im Viertel, der von einem Todesfall erfuhr, und er war auf jeder Beerdigungsfeier anwesend.

Über Rrok wurde alles Mögliche erzählt. Eines Tages, als er betrunken war, und unter uns gesagt, das passierte fast täglich, schrie er laut herum, dass es auf der Welt drei große Persönlichkeiten gibt: Christus, Lenin und Rrok Prenduca. Das hörte ein Mitarbeiter der Abteilung für innere Angelegenheiten, er nahm Rrok fest, steckte ihn in eine Zelle und unter Schlägen zwang er ihn, laut zu sagen, dass Lenin an erster, Rrok an zweiter und Christus an dritter Stelle steht. Als Rrok Prenduca verprügelt und nüchtern wieder herauskam, ging er vor die frühere Kathedrale, die jetzt als Sporthalle diente, kniete nieder und rief laut aus: »Vergib mir, Christus! Ich weiß, dass Du größer bist als ich, aber ich wurde gezwungen. Ich habe es in der Not gesagt.«

Die Menschen kannten Rroks Schrullen. Einmal hatten sich in dem Lokal, wo Rrok nach seinem anstrengenden Arbeitstag Feierabend machte, alle Männer verabredet, ihm zu sagen, dass er gelb im Gesicht ist und dass sie sich um seine Gesundheit Sorgen machen.

So weit so gut. Rrok kommt mit seinem allabendlichen »Grüß euch Männer!« herein. Der erste dreht sich zu ihm um und stellt fest:

»Rrok, du bist ja ganz gelb im Gesicht!« Rrok stockt für den Bruchteil einer Sekunde, lässt sich aber nicht beirren.

»Du siehst aber gelb aus, Rrok«, spricht ihn der zweite an, und Rrok reagiert nicht.

»Du kommst mir ganz gelb im Gesicht vor«, hält ihm der dritte entgegen.

Da ist Rrok schon an der Theke angekommen und antwortet allen laut: »Ich bin ein Chinese!«

Zu der Zeit stellte der kommunistische albanische Staat gerade die besten Beziehungen zur Volksrepublik China her und anscheinend war es nicht ratsam, weitere Kommentare folgen zu lassen.

9

Unser Frederik, der Fußballspieler, heiratete. Das war nicht nur für unsere Familie ein wichtiges Ereignis, sondern auch für seinen Freundeskreis. In unserem großen Haus gab es kein freies Zimmer für das junge Paar. Nur ein Anbau im kleinen Hof hinter dem Haus konnte dieses Problem einigermaßen lösen.

Eine ganze Woche lang stand dem Maurermeister jeden Nachmittag ein Teil von Frederiks Fußballmannschaft, dem besten Fußballklub »Vllaznia«, zur Seite und transportierte Ziegelsteine, Dachziegel und Balken, mischte Beton und half noch bei anderen Arbeiten.

Schon von weitem war zu erkennen, dass es mehr um Spaß als um Arbeit ging. Die Fußballer wurden von den Frauen des Hauses mit Kaffee, Raki und kleinen Vorspeisen verpflegt. Ich bin mir sicher, dass es in wirtschaftlicher Hinsicht mehr Kosten als Nutzen brachte.

An den Brunnen im Hof hatte jemand geschrieben: »Für Torwarte Zutritt verboten.« Ich las es, ich verstand es, aber ich begriff den Sinn nicht. Als mein Vater zum Abendessen nach Hause kam, fragte ich ihn danach. Er hatte den Spruch noch nicht bemerkt.

»Sie würden hineinspringen«, lachte er.

Die Hochzeit von Frederik wurde am Abend gefeiert, als das Finale der Fußballweltmeisterschaft im Jahr 1970 zwischen Brasilien und Italien ausgetragen wurde. Das große Ereignis fand am 21. Juni in Mexiko statt. Die gedeckten Tische standen im Hof. Der Fernseher wurde eingeschaltet und auf volle Lautstärke gedreht. Wie ein echtes Sommerkino. Der Fernseher trohnte auf dem Fensterbrett mit dem Bildschirm zum Hof. Der italienische Kommentator brüllte, dass Mexiko von der FIFA schon im Oktober 1964 als Gastland ausgewählt worden war. Die Weltmeisterschaft 1970 war die erste, die in Nordamerika ausgetragen wurde. In der brasilianischen Mannschaft spielten außer dem legendären Pelé Carlos Alberto, Brito, Piazza, Everaldo, Clodoaldo, Gérson, Jairzinho, Tostão und Rivelino.

Ich habe nie erfahren, ob die Hochzeit absichtlich zum Finale ausgerichtet wurde oder ob es ein Zufall war. Wie dem auch gewesen sein mag, waren alle im Hof nur mit dem Fußball beschäftigt. Die Fans wurden auf zwei Tischreihen aufgeteilt. Abgesehen vom Katholiken Kin Lopa waren die Fans von Brasilien alle Muslime. Die Fans von Italien waren alle Katholiken. Ich weiß nicht, ob es den Shkodraner Muslimen damals bewusst war, dass die Brasilianer katholischer waren als der Papst selbst? Ich bin mir dessen nicht sicher.

Dann kam die italienische Mannschaft aufs Spielfeld: Enrico Albertosi, Tarcisio Burgnich, Pierluigi Cera, Roberto Rosato, Giacinto Facchetti, Mario Bertini, Angelo Domenghini, Giancarlo De Sisti, Sandro Mazzola, Luigi Riva, Roberto Boninsegna.

Und erst in der Spielpause erinnerte sich jemand daran, dass man auch wegen der Hochzeit zusammensaß, und die Glückwünsche für das Brautpaar begannen von neuem, oder besser gesagt, sie begannen überhaupt erst, weil sie bis dahin hauptsächlich lauwarm und halbherzig gewesen waren.

Dann sang Leo Prela »Granada«, und zusammen mit Pjetër Gjini intonierte er auch »Cielito Lindo«, das berühmte mexikanische Lied von Quirino Mendoza y Cortés. Anschließend trug Pjetër Gjini mit seiner großen Gitarre auf jeden Anwesenden Stegreifverse vor.

Die Brasilianer eröffneten die zweite Halbzeit so schwungvoll, dass Kin Lopa auf dem Höhepunkt der Begeisterung und des Adrenalinstoßes aufsprang und meinem Opa verkündete:

»Die Brasilianer könnten neunzig Minuten auf eurem Hausdach spielen, ohne dass sie auch nur einen Ziegelstein kaputt machen, Herr Tef.«

Mein Opa zog sich von der Hochzeit früher als andere zurück, teils, weil er merkte, dass Italien verliert, teils, weil es ihm wirklich nicht so gut ging. Ich weiß nicht, was es genau war, aber er war müde. Allmählich setzten bei ihm ernsthafte Anzeichen einer vergrößerten Prostata ein. Er fürchtete sich vor einer Operation. Für mich war unerklärlich, warum er, männlich-stolz wie er war, so große Angst vor Schmerzen hatte...

10

Um meine Zähne stand es seit dem Vorfall mit dem stellvertretenden Schuldirektor immer schlechter. Mich hatte eine beispiellose Angst vor dem Zahnarzt gepackt, und ich wollte partout nicht hin. Aber meine Mami, eine erprobte Lehrerin und um ein Vielfaches hartnäckiger als ich, gab keine Ruhe. Du gehst zum Zahnarzt, wiederholte sie jeden Abend vor dem Schlafengehen.

Als die Backenzähne heftig schmerzten, knickte ich schließlich ein.

»Geh zum Doktor Gulielmi«, riet mir Mami, erleichtert, dass ich mich endlich überreden ließ. »Er kennt uns und wir kennen ihn. Du kennst ihn auch. Er hat schon ganz oft bei uns ferngesehen. Du findest ihn in der Zentralpoliklinik im dritten Stock. Soll ich mit dir hingehen?«, wollte sie wissen.

Mit Mami hingehen? Nie im Leben. Bin ich etwa ein verzogenes Kleinkind oder ein Mädchen?! Ich bin ein Junge. Ich war gewachsen und es störte mich, in der Öffentlichkeit mit meinen Eltern gesehen zu werden, besonders mit Mami. So war das damals, ein bisschen aufgrund des Alters und ein bisschen aufgrund des patriarchalischen Geistes, der an manchen Orten vorherrschte und der unbewusst vererbt wurde.

Und genau deswegen, weil ich ein Junge war, gingen mir schließlich alle Zähne kaputt. Was hätte ich sonst sein sollen als ein Junge?!!! Ein Mädchen etwa? Dann wären wohl alle meine Zähne noch heil und nicht nur die Hälfte.

»Aber hat denn das Geschlecht etwas mit den Zähnen zu tun?«

»Durchaus. Denn fatalerweise war Doktor Gulielmi zufällig Päderast, und wenn ich mein damaliges Alter in Betracht ziehe, muss ich sagen, dass er nicht nur homosexuell, sondern auch pädophil war.«

Nachdem ich mich auf seinem Zahnarztstuhl ausgestreckt hatte, nahm er an mir sonderbare Handlungen vor. Er streichelte mich an allen möglichen Stellen, so dass ich meine schmerzenden Backenzähne vergaß, ihn mit aller Kraft wegstieß und aus dem Behandlungszimmer rannte.

Seht ihr jetzt, was Zähne manchmal mit dem Geschlecht zu tun haben?

Jahre später wurde von bösen Zungen behauptet, dass Doktor Gulielmi gerade wegen seiner sexuellen Orientierung ein gefährlicher Spitzel der Staatssicherheit geworden war.

»Was hat denn die sexuelle Orientierung mit Spitzelei zu tun?!!!«

»Es war einfach so, dass die Staatssicherheit über jeden alles wusste, und sie übte vor allem dann, wenn sie von den ›Anomalien‹ bestimmter Menschen erfuhr, auf sie Druck aus, inoffizielle Mitarbeiter zu werden.«

Die Vorurteile gegen Menschen mit anderer sexueller Orientierung waren damals so stark, dass die Armen aus Furcht, bloßgestellt zu werden, einwilligten, der Bande zu dienen.

11

Als wir erfuhren, dass der berühmte Boxer Cassius Clay zum Islam konvertiert war, waren wir regelrecht sauer. Der Glaubenswechsel unseres Boxidols wirbelte in unserem Haus und im Stadtviertel viel Staub auf. In unserem Haus verlor er auf der Stelle alle seine Anhänger. Muhammad Ali alias früher Cassius Clay blieben nur wenige Fans treu. Natürlich wurde diese Schar von Genosse Hysen angeführt. Außer zwei-drei Muslimen gehörten dazu auch Kristo Patanaku aus dem Lager der Orthodoxen und Gjovalin Leci als einziger Katholik.

Man muss dazu wissen, dass Boxen damals in Albanien eine verbotene Sportart war. Unsere Partei sah es nämlich als typisch bürgerlich und vor allem amerikanisch-imperialistisch an. Wie alles Verbotene erfreute sich Boxen also höchsten Interesses, besonders jetzt, nach der Ankunft des Fernsehers. Es wurde ungeduldig erwartet, dass jemand diesem, vor allen Augen konvertierten Renegaten eine ordentliche Tracht Prügel verpasst.

»Der erste Wettkampf zwischen Muhammad Ali und Joe Frazier findet am 8. März 1971 statt und er wird als ›Der Kampf des Jahrhunderts‹ bezeichnet«, referierte Benjamin hoch dramatisch.

Der berühmte Boxveteran John Condon hatte heute früh sogar erklärt: »The greatest event I've ever worked on in my life.« Diese Phrase trug Mutti Age Englisch vor, und sie ließ sich nicht dazu herab, sie zu übersetzen. Sie musste darum erst gebeten werden. Da sich aber in unserem Haus allerlei Sturköpfe versammelt hatten, wurde sie diesmal nicht gebeten, und die Phrase schwebte durch das Zimmer und flog unvollendet hinaus, als hätte es sie nie gegeben.

Benjamin hatte alle Kommentare, die in der Woche vor dem Wettkampf abgegeben wurden, sorgfältig gesammelt und präsentierte sie den Fans jeden Abend, als würde er den Stempel ›Ad usum internum‹ auf das Nachrichtenbulletin für die Parteiführung drücken.

»Muhammad Ali«, gab Benjamin belustigt und erkennbar ironisch und distanziert zum Besten, »hat Frazier als ›nützlichen Idioten des weißen Establishments‹ verspottet. ›Frazier ist zu hässlich, ein Champ zu sein‹, sagte Ali. Er hatte Frazier sogar einen ›Uncle Tom‹ genannt.«

»Wie hat er ihn genannt?!!«, fragte Onkel Tom.

»Aber Tom, das ist doch der berühmte Roman ›Onkel Toms Hütte‹ aus dem Jahr 1852, das hat mit dir nichts zu tun«, klärte ihn Benjamin flink auf.

Jeden Abend gab es nach der Vorstellung der Zitate durch Benjamin ein Heidenspektakel, weil die Tiraden von Muhammad Ali gegen Joe Frazier nicht aufhörten. Jeder Spruch von ihm wurde kommentiert. Benjamin legte also weiter nach.

»Gestern hat Muhammad Ali behauptet, dass die Einzigen, die zu Frazier halten, weiße Leute in Anzügen, Sheriffs aus Alabama und Mitglieder des Ku-Klux-Klans sind«, eröffnete Benjamin das Gespräch und fuhr mit den Worten von Muhammad Ali fort, dass dieser für den kleinen Mann im Ghetto kämpfe. »Ali«, führte Benjamin aus, »hatte 1971 auf einer Farm in Pennsylvania trainiert, und dann verlangte er, für ihn in dem Dorf ein richtiges Trainingslager zu bauen.«

»Na, Genosse Hysen? Warum baut ihr für ihn kein Trainingslager in Bushat?«, schaltete sich einer der Anwesenden ein.

Genosse Hysen sagte kein Wort, gab dem Witzbold nur ein Zeichen, das bedeutete: Warte nur ein Weilchen, du kommst auch noch dran. Du wirst dich noch wundern.

Der Kampf des Jahrhunderts wurde am Montag, den 8. März 1971 im Madison Square Garden in New York City ausgetragen. Aufgrund der Zeitverschiebung sahen wir ihn um drei oder vier

Uhr am Morgen. Frazier gewann nach der 15. Runde einstimmig nach Punkten. In dieser Runde brachte er Ali sogar zu Fall. Noch nie war die Begeisterung in unserem Haus so groß. Wie die Leute, die die ganze Nacht den Boxkampf geschaut hatten, am nächsten Tag arbeiten konnten, das weiß nur der liebe Gott.

12

Im Viertel ereignete sich unterdessen viel Außergewöhnliches. Einiges wurde laut erzählt und einiges leise geflüstert.

Zum Beispiel wurde laut erzählt, dass Gjenarin Gajtazi aus dem Schulwesen entlassen wurde. Gjenarin war Grundschullehrer in einem abgelegenen Dorf im Kreis Shkodra. Er fuhr täglich auf dem Fahrrad dorthin. Anderthalb Stunden hin und anderthalb Stunden zurück. Also drei Stunden Fahrradfahrt. Wenn man bedenkt, dass der Samstag damals auch ein Schultag war, ergibt sich, dass Gjenarin mehr als Radfahrer denn als Lehrer tätig war. Er hatte eine dreieckige Ledertasche, die unter der Fahrradstange hing und in der er das nötige Reparaturwerkzeug aufbewahrte, mitsamt des Bindfadens und des Schuhmacherklebstoffs, um den Schlauch zu flicken, wenn er einen Platten hatte.

Den Anstoß zu seiner Entlassung hatte zunächst ein anonymer Brief gegeben, der von irgendeinem militanten Dörfler verfasst wurde, der sich darüber beschwerte, dass Gjenarin seinen Sohn mit einem Stück Papier am Ohr gezogen hatte. Das Ziehen am Ohr war in der damaligen Pädagogik nichts Anrüchiges, aber dass das Ohr mit einem Stück Papier angefasst wurde, galt als bürgerlich. Der Lehrer betrachtete also das Ohr des Schülers als etwas Unhygienisches, und um sich die Fingerspitzen nicht schmutzig zu machen, beschließt er, den Körperkontakt mittels eines Blattes Papier herzustellen. Das war der eigentliche Skandal.

Eines Tages wurde daher eine unangemeldete Kontrolle des Kreisschulamtes in Gjenarins Schule angeordnet. Die Inspekteure fallen in den Klassenraum ein und was sehen sie? Eine vollkommen chaotische und feindliche Szene. An der Tafel löste gerade ein Schüler eine Mathematikaufgabe; zwischen der Tafel und der ersten Bankreihe hatte Gjenarin sein Fahrrad umgedreht aufgestellt und flickte ein Rad; auf dem Lehrertisch spielte ein Kofferradio die italienische Hitparade.

Das war die Höhe. Das war schon regelrecht gefängnisreif. Die Entlassung hingegen ein pures Glück. Nur waren die Inspekteure keine Polizisten, so dass erst entlassen wurde … und später würde man sehen. Gjenarin erlitt einen so großen Schrecken, dass er nicht mehr aus dem Haus ging, geschweige denn, dass er unser gemeinsames Kino besucht hätte.

Aus unserem Kino blieb auch Nikolina Suma weg, eine glühende Verehrerin von Serienfilmen und den Canzonissimas. Die Arme. Sie war gestürzt und brach sich beide Beine. Sie war nicht etwa bei irgendeiner sportlichen Betätigung gestürzt, und es ist auch gar nicht zum Lachen, sondern sie brach aus dem ersten Stock mit dem ganzen Badezimmer in das Erdgeschoss durch, oder anders gesagt, die Toilette ist unter ihr in den Stall darunter gestürzt. Ja. Mit dem ganzen Holzfußboden. Was soll man machen?! Ein altes Haus. Durchgefaulte Bohlen und … ist doch klar … man muss aufpassen…

Auch der Genosse Hysen, der sich immer wieder von den anderen beleidigt fühlte, kam nicht mehr. Mein Vater erzählte, dass der Genosse Hysen als Parteisekretär der Kooperative des hohen Typs in Bushat begann, die Mondlandung von Apollo 11 als ein starkes Argument in der antireligiösen Kampagne einzusetzen. Er rief die Arbeitsbrigaden zu Bildungsveranstaltungen zusammen und klärte sie auf: »Habt ihr das gehört? Ein Raumschiff ist auf dem Mond gelandet. Ich habe es mit eigenen Augen gesehen. Im Fernsehen.« (Und er zog die Vokale des Wortes so in die Länge, als wäre es ein U-Boot und nicht unsere kleine Kiste.)

»Also. Sie sind auf dem Mond gelandet und wo war Gott? Ich frage euch. Antwortet! Nirgendwo war er. Sie haben ihn nicht gefunden. Sie haben ihn gesucht und nicht gefunden. Nirgendwo.«

Seine erfolgreiche Aktivität in der Umsetzung der Direktiven der Partei im Kampf gegen rückständige Bräuche dauerte bis zu dem Tag, als sich in der Diskussion eine Alte zu Wort meldete und ihm entgegenschmetterte:

»Genosse Hysen! Sag denen im Fernsehen, oder was das ist, dass sie zur Sonne fliegen und sich dort den Hintern verbrennen sollen!«

Die vierte Person, die plötzlich im Kino fehlte, war ein großer Sportfan, vor allem von Fußball und Boxen. Er kannte die Namen aller Fußballspieler der EM 1972 auswendig. Nikolin. Also Niko, der Mann von Marilda. Man zog ihn plötzlich und ohne vorherige Ankündigung zur Armee ein, und kasernierte ihn, wie wir erfuhren, irgendwo in Südalbanien. Der Arme konnte das Finale der Bundesrepublik Deutschland gegen die Sowjetunion nicht mehr sehen, das 3:0 mit einem Sieg für die Deutschen endete.

13

Am dritten November 1973 starb Opa Tef. Er hatte eine akute Azotämie bekommen. Seine Prostata war so stark vergrößert, dass sie die Harnwege vollständig blockierte. Das war's.

Zweifelsohne war das der erste Tag nach sechs Jahren, an dem der Fernseher ausgeschaltet blieb.

Er starb am Abend. Etwa eine halbe Stunde nach Çezars Eintreffen vom Wasserkraftwerk in Fierz. Er hatte noch auf seinen jüngeren Sohn gewartet. Nachdem er sah, dass wir alle da sind und keiner fehlt, sagte er bei vollem Bewusstsein, dass es für ihn Zeit ist, zu gehen. Er hauchte seine Seele aus und verschied friedlich.

In dieser Nacht war das Haus hell erleuchtet, und wir waren alle wach. Mein Vater begann, die Nachricht telefonisch zu übermitteln. Çezar ging zum Postamt, um Telegramme zu versenden. Als erste wurden die Verwandten benachrichtigt, die weiter weg wohnten, darunter Mamis Familie in Tirana, und danach auch diejenigen, die in den umliegenden Dörfern näher dran waren.

Es war dem guten Willen desjenigen überlassen, der abends im Dorf das Postamt besetzt hielt, ob er die Telegramme noch in derselben Nacht oder erst am nächsten Morgen zustellte. Ich weiß zum Beispiel nicht, wie es im Fall des Dorfes Hajmel war, wo Opas Freund Gjon Bardhuku wohnte, auch er ein Schuhmacher. Ich weiß nicht, von wem er erfahren hatte, dass Tef Çapaliku gestorben war. Ich weiß nur, dass Gjon Bardhuku noch vor dem Morgengrauen mit einer Petroleumlampe in der Hand vor unserer Tür erschien. Er hatte rund zwanzig Kilometer zu Fuß zurückgelegt. Er ging die ganze Nacht über Stock und Stein, nur um bei uns einzutreffen, wie es sich für ihn als einen Freund des Hauses gehörte.

Am 4. November füllte sich der Hof des großen Hauses mit Menschen. Opas Leichnam lag im großen zweitürigen Zimmer im ersten Stock. Der große Mann im schwarzen Anzug mit Krawatte, in neuen schwarzen Schuhen und mit den vor der Brust gefalteten Händen wirkte wie ein General, der soeben beschlossen hatte, sich unter allen Umständen zu verteidigen.

Meine Schwester und ich wurden von Mutti Age zu ihm geführt, um uns von ihm zu verabschieden. Zum ersten Mal in meinem Leben küsste ich ein Gesicht, aus dem das Leben gewichen war.

Der Leichenschmaus wird zu Hause serviert. Nach dem Essen wird der Verstorbene auf den Friedhof gebracht. Die Frauen gehen nicht mit. Nach der Beerdigung kommen die Männer zum Kaffeetrinken zurück und nach und nach geht jeder wieder heim. Im Haus bleiben nur die Familie und die angereisten Gäste zurück.

Es gab ein einfaches Essen. Zuerst wurden für die Männer kleine Vorspeisenteller mit Käsewürfeln und Oliven gedeckt. An jeden Platz wurde ein Glas Raki hingestellt.

Das Traueressen wurde von meinem Vater eröffnet, der sich erhob und sagte:

»Ich danke euch, dass ihr da seid. Mögen wir künftig nur noch aus freudigen Anlässen zusammenkommen. Möget ihr und eure Familien mit Freude belohnt werden! Das ewige Licht leuchte ihm!«

Er erhob sein Glas mit Raki und alle schlossen sich an. Die Männer aßen Vorspeisen und nach einer kurzen Unterhaltung wurde Reis mit Fleisch serviert.

Den Kellner gab an dem Tag Bert Guralumi, ein naher Verwandter meiner Oma, und Nard, ein junger Nachbar, unterstützte ihn. Köchin war Vida, die Spezialistin für Pilaf, Tespidsche und Baklava bei Familienfesten.

Als die Männer mit dem Essen fertig waren, wurde der Tisch für die Frauen neu gedeckt. Während die Frauen aßen, standen die Männer im Hof, rauchten oder unterhielten sich, bis die Zeit für die Beerdigung heranrückte. Zwischendurch kamen noch weitere entfernte Verwandte, die sogleich bewirtet wurden.

Die Frauen setzten sich hin. Der Platz am oberen Tischende

stand diesmal der Oma zu, die bescheiden und vom Schmerz um ihren Ehemann niedergedrückt fast kein Wort sprach.

Die armen Frauen rührten die Gläser mit Raki gar nicht an. Sie waren müde und abgekämpft, weil sie im Haus die ganze Zeit Essen zubereiteten, räumten und abwuschen und es kaum abwarten konnten, sich ein wenig mit Reisfleisch zu stärken.

Aber während Nard die Teller mit dem Essen verteilte, folgte ihm Bert Guralumi auf dem Fuß mit einer Pfanne in der einen und einer langen Gabel in der anderen Hand und pickte den Frauen das Fleisch von den Tellern weg. Die Armen sahen zu, wie ihre Fleischstücke in seine Pfanne flogen, und da er dabei ganz seriös schaute, trauten sie sich nicht zu fragen, warum er das macht. Dieses Geschicklichkeitsspiel endete mit einer Pirouette von ihm, nach der er die Fleischstücke zurück auf die Teller expedierte. In diesem Haus war es offenbar nicht möglich, dass auch nur ein einziges Mal alles normal und ohne komische Sondereinlagen ablief.

»Es ist interessant«, sagte mir Professor Kola, »wie das griechische Wort potiri - Trinkglas zu uns kam. Es ist herübergeflogen, wie in einem Flugzeug. Im albanisch-griechischen Grenzgebiet wird es nirgendwo verwendet, dafür aber bei uns in Shkodra.«

Auch bei der Trauerfeier fand er eine Gelegenheit, mir eine kurze sprachwissenschaftliche Lektion zu erteilen. Das konnte gar nicht anders sein, und er machte mit Isoglossen weiter, die überall in den jeweiligen Exklaven verbreitet seien.

Am Abend, nach der Rückkehr vom Friedhof, wagte niemand, um das Einschalten des Fernsehers zu bitten. Kein Gedanke daran. Aber die Stille dauerte nur so lange, bis sich mein Vater vergewissert hatte, dass das Hoftor verriegelt war. Dann schaltete er den Fernseher ein.

»Nur wegen der Nachrichten. Nur wegen der Nachrichten«, versicherte er der Oma, die verwundert die Augen aufriss, dass man es auch an so einem Abend nicht ohne Fernsehen aushielt.

14

Der Film »Der letzte Tango von Paris« wurde vom staatlichen Sender Titograd etwas mehr als ein Jahr nach seiner Premiere und einen Monat nach dem Tod meines Opas ausgestrahlt. Im Dezember 1973. Zweifelsohne der erste Erotikfilm, den ich im Fernsehen, und darüber hinaus der erste und letzte Erotikfilm, den ich im Kollektiv schaute.

Ich schaute ihn, oder ich glaube, ihn deshalb geschaut zu haben, weil niemand wusste, welche Szenen darin vorkommen, ansonsten hätte man mir das natürlich nicht erlaubt.

Der Film, wie ich später erfuhr, wurde wegen der Sexszenen in den USA zensiert, aber in dem Kanal des jugoslawischen Senders Titograd wurde er in der vollen Version gezeigt. Titograd oder Tito-Stadt war der damalige Name von Podgorica, der Hauptstadt von Montenegro.

Die jugoslawischen Medien und die Jugoslawen überhaupt waren zu jener Zeit daran gewöhnt, in einer Art Snobismus oder Exhibitionismus zu leben, der von den »Oberen« stillschweigend geduldet wurde.

Neuigkeiten verbreiteten sich damals schnell in der Stadt. Welche Highlights im TV Titograd zu sehen waren, erfuhr man von den Bewohnern des westlichen, am Seeufer liegenden, oder anders gesagt, des muslimischen Stadtteils.

Ein Teil dieser Bevölkerung war zweisprachig und nannte sich Podgoricer, weil sie hauptsächlich zwischen den beiden Weltkriegen aus Podgorica zugewandert waren. Sie beherrschten ausgezeichnet die montenegrinische, oder wie sie sie selber nannten, die »unsrige« Sprache.

Das Gerücht, dass nach Mitternacht im TV Titograd der französisch-italienische Film »Der letzte Tango in Paris« in der Regie von Bernardo Bertolucci über eine anonyme sexuelle Beziehung zwischen Marlon Brando und Maria Schneider in voller Länge gezeigt wird, verbreitete sich wie ein Lauffeuer.

Unser Haus füllte sich vorrangig mit dem männlichen Geschlecht, aber einige, die wenig Ahnung vom Inhalt des Films mit heißen erotischen Szenen hatten, brachten auch ihre Verlobten oder jungen Ehefrauen mit.

Sie kamen nacheinander, fast heimlich, als herrschte draußen Krieg oder als kämen sie zu einem konspirativen Treffen des Widerstands.

Der Wahrheit halber muss man sagen, dass in jenem Jahr die Zahl der Fernseher in der Stadt deutlich zugenommen hatte. Die Radio- und Fernseher-Fabrik in Durrës hatte die Produktion auf der Linie der Amplifikatoren, Stabilisatoren und Radio- und Tonbandgeräte ausgebaut. Mit Teilen, die aus dem jugoslawischen Niš importiert wurden, wurde der Fernseher der Marke »Rozafa« und mit Teilen aus Rumänien der Fernseher »Adriatik« gebaut.

Einen Fernseher zu kaufen, war jedoch keineswegs einfach. Erstens benötigte man dafür eine Bescheinigung, die anfangs vom Exekutivkomitee des Kreises und später von den Direktoren großer Betriebe ausgestellt wurde. Zweitens kostete ein Fernseher rund zwanzigtausend Lek oder acht Durchschnittsgehälter eines Arbeiters. Also durfte man acht Monate lang nichts essen und trinken, um einen Fernseher sein Eigen zu nennen und danach friedlich zu sterben.

Unterdessen gab es auch solche Fernsehgerätebesitzer, die dem gemeinsamen Zuschauen bei uns den Vorzug gaben. Wo hätte es besser sein können? Schön warm, gute Unterhaltung, Tässchen Kaffee, dazu ein Gläschen Raki und einen Dolmetscher, Witze ohne Ende und alles kostenlos.

Aber dieses Mal war Benjamin nicht eingebunden. Er wusste über den Film anscheinend besser Bescheid als die anderen und blieb mit der Begründung fern, dass der Film nicht auf Italienisch sei.

Draußen probte man die korrekte Drehung der Antenne Richtung Montenegro. Wie immer der laute Refrain: Nach da! Nein … nein… Ja. Nach da. Nicht bewegen. Das Signal ist da! Es ist da. Nein. Wieder weg. Ja, ja, ja, genau. Nach da. Bleib so. Ja. Das Signal ist da. Nein. Weg. Es war da und wieder weg, es kam und verschwand, nach da und nach da, weiter runter, weiter hoch, laut und leise … und irgendwie war das Signal dann doch da.

Es war da, aber nicht stark genug, wie sich das manche gewünscht hatten, um das Ding von Maria Schneider wie auf einem Präsentierteller sehen zu können. Ungeduld machte sich im Zimmer breit. Niemand konnte Englisch. Die slawischen Untertitel verstand ebenso niemand, und je ungeduldiger man in Erwartung der erotischen Szenen wurde, umso schwächer wurde das Fernsehsignal… Es war eine stürmische Nacht. Der Sturm hatte offensichtlich die Antenne verschoben. Kurzum, eine richtige Pleite.

15

In der Zwischenzeit hatte das staatliche albanische Fernsehen oder TVSH die Sendezeit auf acht Stunden verlängert. Propaganda: hauptsächlich albanische Filme, Folkloremusik, endlose Nachrichtensendungen und ab und an eine Sendung, in der die bürgerlich-revisionistische Welt diskreditiert wurde, ähnlich wie auf der Seite vier der Zeitung des Zentralkomitees der Partei der Arbeit Albaniens, »Zëri i Popullit«.

Das Fernsehen, diese neue Religion, ging an den Zuschauern nicht spurlos vorbei, was es auch immer ausstrahlte. Die Slogans und der Fernsehjargon wirkten sich gewissermaßen auch auf die Alltagssprache aus. Wenn man jemandem für sein besonderes Wissen in Geografie und Geschichte ein Kompliment machen wollte, sagte man zu ihm: »Du wurdest am Tag der Fernsehenzyklopädie geboren.« Das war eine Sendung des albanischen Fernsehens, in der Informationen enzyklopädischen Charakters vermittelt wurden, wie zum Beispiel: Wo gibt es die höchsten Fluten auf der Welt oder wie ist im Winter die Temperatur am Südpol.

Die Sendung wurde einmal in der Woche ausgestrahlt. Wenn man eine extreme Notsituation beschreiben wollte, die man in der Stadt oder auf dem Land sah, sagte man, dass sie wie in »Länder und Völker« ist. Das war der Titel einer Wochensendung in TVSH, in der über das Leben primitiver Stämme in Afrika oder anderswo berichtet wurde.

Unabhängig davon gab es auf der kleinen Dissidenteninsel in unserem Haus weiterhin einen harten Kern. Gewöhnlich waren die letzten, die nach Hause gingen, Rosar und Maria. Sie wurden uns so vertraut, dass wir keine Hemmungen hatten, vor ihren Augen zu essen oder anderen häuslichen Beschäftigungen nachzugehen. Maria schlief mit den Ellenbogen auf dem Tisch aufgestützt regelmäßig ein. Sie wachte auf, wenn sie die Stimme ihres Bruders hörte: »Steh auf, Maria, wir gehen!«

Rosar, konzentriert und seriös wie immer, gefielen die Fernsehfilme immer weniger. Aber Maria gab ihm ein Zeichen, noch ein wenig durchzuhalten und schlief wieder ein.

Zu der Zeit begann das italienische Fernsehen, Kitschfilme zu zeigen, die bei einigen Bevölkerungsschichten beliebt waren. Das Fernsehen büßte infolge der Popularität an Niveau ein und wurde zum Medium der mittleren und niederen Kultur.

Es wurden immer mehr amerikanische Filme ausgestrahlt. Sie hatten gewöhnlich ein happy end, bei dem der Gute siegte und der Böse getötet wurde. Dieses Schema wurde immer unerträglicher. Diese seichten Filme nahmen so überhand, dass mein Vater, selbst wenn Maria schon freiwillig gehen wollte, zu ihr sagte:

»Warte noch ein bisschen. Bis sie ihn getötet haben!«, und sie gehorchte. Aber auch dieses treue Paar blieb nach einiger Zeit unserem Kino fern. Genauer gesagt, Rosar, denn Maria kam noch gelegentlich.

»Wir haben so ein Pech«, erzählte uns Maria. »Rosars Hose ist kaputt gegangen, und er will sich keine neue schneidern lassen.«

»Aber wieso denn, Maria?«, wunderten sich meine Mami und mein Vater. »Wieso lässt er sich denn keine neue Hose schneidern? Ihr könnt euch das doch leisten.«

»Wir können uns das leisten, aber es gibt keine englischen oder polnischen Stoffe. Daran war er sein ganzes Leben gewöhnt. Wenn er sich diese Stoffe nicht besorgen kann, sitzt er lieber zu Hause, als dass er sich eine Hose aus dem Stoff vom Stalin-Kombinat in Tirana schneidern lassen würde. Das erträgt er nicht. Das kommt ihm vor wie…« Rosar Dodmasej ging bis zu seinem Tod Mitte der achtziger Jahre nie mehr aus dem Haus.

16

Der Fernseher verschaffte uns viele neue Freunde. Viele von denen, die von uns zum gemeinsamen Fernsehen freundlich empfangen wurden, waren uns dankbar, als hätten wir für sie eine besondere Tür aufgemacht. Die Tür zum Paradies.

»Du, Lazërs Sohn. Komm heute Nachmittag bei mir vorbei, ich hab was für dich«, sprach mich Onkel Filip an.

Ich ging am Nachmittag hin. Onkel Filip wohnte am Ende der Gurakuqi-Straße. Er war ein großer Mann mit Panamahut, immer eine Zigarette im Mund, Schneider. Er wohnte mit seiner Frau und seinem Sohn zusammen, der jünger war als ich.

Inzwischen war ich am Ende der Straße angelangt und stieß auf ein paar Schulkameraden, die an der Tür von Onkel Filip lauschten. Von drinnen war eine schrille Frauenstimme zu hören, die Filip laut anschrie. Wie zu verstehen war, hatte sie ihm Stoff für ein Jackett und einen Rock gebracht und er hatte daraus stattdessen etwas wie einen Dreiviertelmantel zugeschnitten. Das war ihrer Meinung nach unentschuldbar, und sie verlangte, dass er ihr einen Dreiviertelmantel und einen Rock näht. Beim Hinausstürmen schlug sie die Tür mit einer solchen Wucht hinter sich zu, dass es ein Wunder war, dass der Türrahmen heil blieb.

Kurz darauf erschien Onkel Filip vor dem Haus, entspannt und mit einer Zigarette im Mund.

»Hey, Onkel Filip! Was hat die Frau zu dir gesagt?!«, fragte ihn einer der Jungs, um ihn zu ärgern.

»Sie hat gesagt, dass sie mir die Nähnadel kaputtschlägt«, erwiderte dieser mit vollkommen phlegmatischem Gesichtsausdruck. »Komm herein, Lazërs Sohn. Ich warte schon ewig auf dich. Warum hast du dich verspätet?!!!«

Er musste also ewig auf mich warten, weil ich mich verspätet habe. Tja, was soll ich dazu sagen?! Ich folgte ihm hinein.

»Komm her, der Onkel näht dir eine neue Hose«, rief er mich zu sich, »und zuerst muss er Maß nehmen.«

»Nein, ich will nicht«, wehrte ich mich. »Ich brauche keine neue Hose. Ich habe schon eine.« Und ich zeigte auf die, die ich anhatte, und die mir tatsächlich wie eine Fundamentalistenhose nur bis zu den Knöcheln reichte. Es war die Zeit, in der ich fast zwölf Zentimeter im Jahr wuchs. Wie Holunder in der Scheiße, hänselten mich meine Freunde. Aber Onkel Filip ließ sich von seinem Vorhaben nicht abbringen. Er holte das Maßband.

»Du kannst sie dir morgen um diese Uhrzeit abholen! Und komm nicht wieder zu spät wie heute. Komm herein, egal wer gerade drin ist.«

»Danke«, sagte ich und wollte wieder gehen, als er mir noch laut zurief:

»Ich behandle alle Menschen gleich. Selbst einem Sohn von Lenin würde ich in die Flasche scheißen.«

Unterwegs bekam ich Zweifel, ob er mir die Hose nicht vielleicht aus dem Stück Stoff näht, das er der schimpfenden Frau weggenommen hatte, und ich stellte mir vor, wie sie eines Tages in unseren Klassenraum kommt, mich packt und mir meine Hose herunterreißt.

Der zweite Zweifel, von dem ich ergriffen wurde, betraf das Scheißen in die Flasche. Vielleicht meinte er eine Milchflasche. Mit einem breiten Hals…

Mit diesen Gedanken bog ich in die große Straße ein und sah Isidor Bagjelli, nur mit einer Unterhose bekleidet.

Isidor Bagjelli war unser Nachbar. Er genoss den Ruf eines Don Juan. Spöttisch und herabsetzend wurde er auch Internatsliebhaber genannt.

Es war Sonntag und zu seinem Glück waren um die Uhrzeit nur ganz wenige Menschen auf der Straße. Ich konnte ihm nicht mehr ausweichen. Wir liefen so nah aneinander vorbei, dass er mich auch mit einer Maske erkannt hätte.

»Jemand hat mir meine Sachen versteckt oder gestohlen, ich weiß es nicht genau. Ich habe eine Hake, die im Schatten unter einer Pappel saß, gebeten, darauf aufzupassen und bin im See baden gegangen.«

Hake wurden muslimische Frauen mit einem weißen Baumwollkopftuch genannt.

»Als ich aus dem Wasser kam, sagte mir die Hake, dass ein Freund meine Sachen aus Spaß mitgenommen hatte. ›Hake, welcher Freund denn?‹, habe ich sie gefragt und sie konnte mir nicht antworten. Ich habe gesucht und gesucht und bin dann von Shiroka mit dem letzten Bus gefahren. Ich werde ihn finden und lege seine Mutter flach, wo auch immer sie ist. Dieses Arschloch!«

Und er stürmte in sein Haus am Anfang der Straße.

17

Als ich am nächsten Tag die Hose bei Onkel Filip abholen ging, nahm ich den Weg über den Serreq. So hieß der Platz an der Kathedrale, die jetzt eine Sporthalle war.

Ich sehe Menschen. Eine große Ansammlung, die sich um einen Pritschen-LKW gebildet hat. Erst dachte ich, dass dort etwas verkauft wird. Manchmal kamen Lastwagen von den landwirtschaftlichen Kooperativen mit Ladungen für die Lebensmittelgeschäfte und die Menschen versammelten sich drumherum. Aber das war jetzt nicht der Fall. Ich sah ein paar Frauen mit Tränen in den Augen. Verstörte und traurige Gesichter kamen mir entgegen.

»Geh nicht hin«, sagte mir jemand, »du hast dort nichts verloren.« Er nahm mich am Arm und zog mich weg.

Ich schüttelte ihn ab, und weil ich wissen wollte, was hier los war, kehrte ich zum Lastwagen zurück. Ich war schon ziemlich groß und musste die anderen nicht mehr mit den Ellenbogen wegschieben, um auch etwas sehen zu können.

Und ich sah. Eine geöffnete, blutverschmierte Ladefläche, auf der die von Kugeln durchsiebten Leichen von zwei jungen Burschen lagen. Ihre Hände waren mit einem Draht gefesselt. Oh Gott! Ich erkannte einen von ihnen. Er war zwei Klassen über mir. Und jetzt waren seine Augen ausgelöscht. Von Menschenhand ausgelöscht seine schönen himmelblauen Augen, die ins Fliegen verliebt waren.

Er wurde an der Grenze beim Fluchtversuch über den Fluss Buna getötet. Von Albanern. Von den Grenzbewachern, den Grenzdorfschützen. Die ihre Ehre und Freiheit gegen ein banales und schändliches Privileg eingetauscht hatten. Die Getöteten wurden durch die Stadt von Platz zu Platz gefahren, um die Menschen bis ins Mark zu erschrecken.

Ich blieb dort etwa eine halbe Stunde erstarrt stehen und hörte allerhand Kommentare. Die meisten Menschen waren still. Es muss einer von dem Drecksgesindel gewesen sein, der die Mörder pflichtgemäß rechtfertigte:

»Die Grenzwächter sind auch nur Menschen. Was sollen sie denn tun. Sie erfüllen nur ihre Pflicht.«

»Das wissen die Leute, und jetzt können sie sehen, wenn man abhauen will, wird man getötet.«

»Die haben sich selber zugrunde gerichtet, aber auch ihre Eltern und Verwandten. Die können doch nichts dafür und werden jetzt interniert?!«

»Und die Bewohner an der Grenze? Was können die dafür?! Sie mussten die Gewehre annehmen und…«

»Und was?!!!

»Nichts, nichts…«

»Doch, doch… Das ist die Wahrheit. Ich habe mein ganzes Leben unter Scheißkerlen verbracht, aber ich habe nie wie sie gestunken.«

18

Es stimmt nicht, dass wir TVSH, oder Tirana, wie wir damals das albanische Staatsfernsehen nannten, nie schauten. Ich erinnere mich, dass zum 1. Mai 1974 eine Wette abgeschlossen wurde. Jak von der Tante und Frederik gingen sie am Abend vorher ein.

Wie immer war Jak mit der Nachricht gekommen, dass Er in einem Kühlschrank liegt. In dem Augenblick waren nur ein paar Leute anwesend, die als vertrauenswürdig galten, so dass Jak ganz unbefangen redete. Gerade als er sagte, dass er das aus sicherer Quelle weiß, wurde Frederik, der seit Jahren von den lügenhaften Behauptungen genug hatte, zornig, und er forderte Jak auf der Stelle vor allen Anwesenden auf:

»Lass uns eine Wette schließen. Also. Morgen ist der 1. Mai. Wir haben frei. Um zehn Uhr beginnt in Tirana die große Manifestation. Wenn Enver nicht auf der Tribüne erscheint, kannst du von mir haben, was du willst. Alles. Wenn er erscheint, wollen wir von dir nur eine Flasche Fernet. Wir treffen uns alle hier und werden sehen.«

Am nächsten Tag versammelten sich im Besuchszimmer Onkel Tom, Onkel Zef, Frederik und Tonin, Jak von der Tante, meine Oma, die sonst nirgendwohin gehen konnte und Kaffee kochen musste, Ejlli aus Dajç am Fluss Buna und was weiß ich, wer noch.

Gleich zehn Uhr. Die altbekannte Stimme aus den feierlichen Berichterstattungen begann zu kommentieren. Es war Alfons Gurashi, ein legendärer albanischer Fernsehreporter, als Stimme und als Gestalt, der unter anderem ansagte, dass auf der zentralen Tribüne gegenüber dem Amt des Ministerpräsidenten in jedem Augenblick Er, der Generalsekretär des Zentralkomitees der Partei der Arbeit Albaniens und Oberbefehlshaber der Streitkräfte der Volksrepublik Albanien, Genosse Enver Hoxha, erwartet wird!

»Jak, du Nichtsnutz, los jetzt, kauf uns eine Flasche Fernet!«, ertönte die Stimme von Frederik, als würde er sich freuen, dass Enver Hoxha lebt und wohlauf ist.

»Warte noch ein bisschen«, widersprach Jak.

Bis zu diesem Augenblick sang der Bass Mentor Xhemali »Für dich, meine Heimat«, und unter den Tönen eines Liedes über die Partei erschien dann Er auf der Tribüne, von Haxhi Lleshi und Mehmet Shehu rechts und links flankiert.

»Gib Ejlli das Geld, er kauft die Flasche«, forderte Frederik Jak auf.

Jak stand verzweifelt auf und durchwühlte mit beiden Händen seine Taschen.

»Schaut, schaut, wie er sich windet! Als hätte er eine Schlange in der Tasche«, warf Tonin ein, wonach außerhalb des Bildschirms gelacht und innerhalb von einer begeisterten langhaarigen ausländischen marxistisch-leninistischen Gruppe Beifall geklatscht wurde.

»Was wollen die denn hier?!!!«

»Die werden dafür bezahlt…«

An diesem Vormittag wurden im Besuchszimmer mehrere Flaschen Fernet ausgetrunken, und es konnte nicht auseinandergehalten werden, wer trank und wer zahlte. Jak warf ab und zu als Nebelkerze die Idee eines Doppelgängers in den Raum.

»Das kann auch sein Doppelgänger gewesen sein«, behauptete er. »Ich weiß aus sicherer Quelle, dass Enver Hoxha ganze fünf hat.«

19

Seit Simon Drishti nicht mehr kam, wurde es langweilig. Er war ein gutaussehender Mann, witzig, und deshalb fiel sein Ausbleiben auf. Wäre er wie die meisten anderen gewesen, hätten wir Gott gedankt, dass wir ihn los sind. Um ehrlich zu sein, jetzt waren nicht nur Mami und Oma, sondern auch mir schon die vielen Menschen langsam zuviel. Aber Simon Drishti war ein sympathischer Mann, voll in Ordnung, und er fehlte mir wirklich. Ich vermisste seine Witze. Manchmal spielte er sogar Schach mit mir.

»Geht es ihm vielleicht nicht gut?«

»Doch, doch. Er geht jeden Tag arbeiten. Er ist topfit.«

»Ist er uns vielleicht böse?«

»Aber nein, das hätte er uns bestimmt gesagt. Er hat doch einen Mund zum Sprechen.«

»Also, was hat er dann?!!!«

Was er hat?!!! Das ist doch ganz einfach. Simon Drishti hat sich verliebt. Wieso habe nur ich das gewusst? Oder habe ich nur gedacht, dass es außer mir niemand weiß?!!! In wen hat er sich verliebt?!!! Was ist das für eine Frage?!!! In wen konnte man sich in unserem Viertel verlieben außer in Marilda?!!!

Nur eine Tatsache wurde in den Gesprächen und Gerüchten im Haus nicht gebührend berücksichtigt und blieb demzufolge zweifelhaft und ungeklärt. Warum wurde Nikolin gleich nach seiner Hochzeit mit Marilda zur Armee eingezogen? Warum so eilig, und warum wurde der arme Junge so weit weg stationiert?

So weit weg, dass man von dort keine Heimreise bekam, außer beim Todesfall eines Familienangehörigen, bei der Geburt eines Kindes oder wenn man sich verletzt hatte.

Wie dem auch sei, ich habe mit eigenen Augen gesehen, wie

Simon in der Dämmerung heimlich in Marildas Haus ging. Er besuchte sie jede Nacht und verabschiedete sich von ihr, noch bevor sich vor ihrem Haus eine Schlange für Milch gebildet hatte.

Das war gewöhnlich um zwei oder drei nach Mitternacht. Das Klirren von Glasflaschen war zu hören, die in den handgeknüpften Einkaufsnetzen aneinanderstießen. Bist du nicht aufgestanden, um nachts in der Schlange zu stehen? Dann kannst du die Milch vergessen, und du musst dein Brot in den Tee oder in den Gerstenkaffee einbrocken. Mir hing das Eingebrockte im Gerstenkaffee schon zum Hals heraus. Aber niemand von uns stand um die Zeit wegen Milch auf. Also, ein Hoch auf die Gerste. Wie Kühe.

Früher nahm auch Simon an solchen Ritualen, wie der Milchschlange oder an anderen, nicht teil. Er war ein Dandy. Was gingen ihn irgendwelche Warteschlangen an? Lieber hätte er sich von Luft ernährt, als dass er mit einem Kollektiv verschmolzen wäre und seine Identität eingebüßt hätte. Es kam jedoch die Zeit, dass er bei der Selbstkasteiung der Erste wurde. Er vergewisserte sich am Fenster, dass noch niemand auf der Straße war, lief aus dem Haus und stellte sich mit einer Milchflasche im Einkaufsnetz vor den Laden hin. Um die Uhrzeit konnte Simon Drishti nicht einfach nach Hause gehen. Alle hätten ihn gesehen und sein Geheimnis wäre gelüftet worden.

So wurde Simon Drishti in der Warteschlange sowas wie ein Bestarbeiter auf den öffentlichen Aushängen. Immer leistungsbereit. Immer der Erste. Seine Mutter und sein lediger Bruder begannen Milch zu trinken, nachdem Marilda Simon Drishtis Geliebte wurde.

20

Als wären die Direktiven des 4. Plenums des Zentralkomitees der Partei der Arbeit Albaniens zur Bekämpfung fremdartiger Phänomene in der Literatur und Kunst auch in Italien wirksam geworden, wurde am Ende des Jahres 1974 »Canzonissima« abgesetzt.

»Canzonissima wurde abgesetzt?!!!«

»Ja. Abgesetzt. Leider.«

Die berühmte italienische Musikshow, seit 1958 im Programm der RAI, wurde abgesetzt. Benjamin übersetzte wehmütig die Nachricht im »Telegiornale« und fasste die Geschichte der Sendung zusammen.

»Nach einer Unterbrechung in den Jahren 1963 bis 1967 wurde Canzonissima samstagsabends gesendet, mit Ausnahme der letzten zwei Male, als sie am Sonntagnachmittag zu sehen war. Dieses Programm galt als eine Synthese und ein Referenzmodell aller italienischen Fernsehproduktionen.«

Canzonissima bestand aus einem Musikwettbewerb, an dem die besten Sänger der Unterhaltungsmusik teilnahmen. Während der Sendung wurden auch die Gewinnzahlen der staatlichen italienischen Lotterie gezogen. Im Allgemeinen wechselte der Programmablauf von Sendung zu Sendung. Die Musikbeiträge und die Lottoziehung wurden von Tanzeinlagen, Sketchen und Interviews mit Spezialgästen umrahmt. Kurz gesagt, es war allerhand los.

»Nur meine Eltern sind noch nicht drin«, stellte Genosse Hysen fest, als er die Sendung zum ersten Mal sah.

In Canzonissima traten Stars auf, die sowohl bei den Frauen als auch bei den Männern in unserem Viertel beliebt waren. Welche von den Frauen denkt nicht heute noch zum Beispiel an das Sexsymbol Nino Manfredi? Oder welcher von den Männern könnte die Beine von Raffaella Carrà vergessen, zwischen denen sie ganze Nächte durchträumten?!!!

Canzonissima ging auch wegen eines Skandals in die Geschichte ein, der mit und von dem Ehepaar Dario Fo und Franca Rame ausgelöst wurde. Damals hatte sich zum ersten Mal die staatliche Zensur eingeschaltet und verhinderte die Ausstrahlung einiger satirischer Sketche der beiden. Fo und Rame wurden vom Fernsehen ausgeschlossen, und der Weg wurde für oberflächlichere und seichtere Moderatoren frei. Der Skandal zog jedoch erst einmal eine lange, fünfjährige Unterbrechung nach sich.

Benjamin war jedenfalls zurecht betrübt. Meine Schwester genauso, und ich glaube, auch alle ihre Freunde, die älter waren als ich. Ihre musische Entwicklung wurde durch Lieder begleitet wie: »Scende la pioggia« und »Ma chi se ne importa« von Gianni Morandi in den Jahren 1968 und 1969. Dann durch »Vent'anni« von Massimo Ranieri 1970, im Jahr darauf durch »Chitarra suona più piano« von Nicola Di Bari und »Erba di casa mia« von Massimo Ranieri.

Das geschah zu der Zeit, als hier alle Versuche verhindert wurden, bestimmte Erscheinungen der westlichen Kultur blindlings zu übernehmen.

In unserem Viertel wurde von den Leuten des Parteikomitees die erste Musikgruppe mit dem Namen »Pranvera 72« zerschlagen, die sich aus Klaudia Shllaku, Viola Duka, Bert Naraçi, Çesk Marashi und Nikolin Kurti, von seinen näheren Bekannten auch Perthuc genannt, zusammensetzte.

Der arme Perthuc! Was war das für ein Gitarrist! Er wurde später wegen eines angeblichen Fluchtversuchs eingesperrt.

21

Ab 1972 begann sich unser Haus allmählich zu leeren. Der Besucherstrom hielt an, aber er verringerte sich. Das lag zum Teil an der gestiegenen Zahl der Fernsehgeräte und zum Teil an der abnehmenden Lust an gemeinsamen Treffen. Zwei, drei Freunde waren genug. Die Leute sahen keinen Grund, zusammen zu hocken und in großen Gruppen zu reden. Wozu soll es denn gut sein?!!! Auch die Wände haben Ohren, warnte mich meine Familie.

»Lebe unauffällig!«, habe ich eines Tages von Zef Zorba gehört. »Das hat Sokrates schon in der Antike gesagt«, erklärte er mir umgehend.

»Lebe unauffällig. Na schön! Was für ein weiser Spruch… Und wie lebt es sich unauffällig?!!!«

Gut lebt es sich. Ein Beispiel. Anton Zeka, der Vater eines Schulkameraden von mir, verschwand immer mal aus der Stadt. Er zog über die Dörfer und vermittelte Ehen. Ein Brautwerber. Er hatte in den Dörfern viele Freunde, weil er dort seit Jahren arbeitete. Er war ein tüchtiger Mann, vertrauenswürdig, und er kannte jeden. Und natürlich kannte jeder auch ihn.

Er wusste zum Beispiel aus dem Kopf, dass der Sohn von Kola Zef Marku zwanzig Jahre alt geworden war. Ebenso wusste Anton, dass die Tochter von Preng Deda Logu das sechzehnte Lebensjahr vollendet hatte. Warum sollten Kola Zef Marku und Preng Deda Logu keine Verwandten werden?!!! Was wäre denn schlecht daran? Nichts, das wäre nur gut. Also zog Anton los. Und wann kam er wieder zurück?!

Nach vier-fünf Tagen, wenn er im Dorf die Ehe vermittelt hatte. Er kam … er kam in neuen Schuhen zurück. Ja. Weil der Brautwerber, wie es im Kanun des Lekë Dukagjini geschrieben steht, ein Recht auf Schuhe hat. Nur auf Schuhe? Selbstverständlich nicht. Er kam auch noch mit Bohnen, Raki, Kartoffeln, Zwiebeln, Butter und Honig zurück. Vollbeladen wie ein Weihnachtsmann.

Es ging darum, nicht als Individuum identifiziert zu werden. Man war ein Individuum, aber man sollte keine Merkmale aufweisen, die einen von den anderen unterschieden. Zum Beispiel war es nicht ratsam, beim Abendcorso allzu sehr ins Auge zu stechen.

Der Abendcorso, dessen Frequenz im Sommer stieg und im Winter sank, fand zu jeder Jahreszeit statt. Männer und Frauen, Junge und Alte, machten einen Spaziergang, der an den Neuen Läden begann und an der Kunstgalerie endete. Es war ein Zeremoniell von rund fünfhundert Metern Länge, das langsam und mit Gesprächen ausgeführt werden musste. Nur ganz wenige gingen allein spazieren. Der Verkehr floss immer schön rechts. Wenn sich ihre Wege kreuzten, grüßten die Menschen, und manche flirteten sogar miteinander. Da es nicht möglich war, alle mit Namen zu kennen, wurden die Menschen nach ihren Sachen identifiziert, wie zum Beispiel: Der Junge in der roten Hose oder der Typ im gelben Hemd oder die heiße Braut in den Stiefeln mit Reißverschluss usw. usw. Die Idee war also, nicht zu der Gruppe derer zu gehören, die schon von weitem erkannt wurde.

Unauffällig lebte zum Beispiel auch Gac Faulpelz. Er sprach zu niemandem auch nur ein Wort. Im Mundwinkel klebte ihm immer eine qualmende Zigarette, und er hatte nie Streichhölzer dabei. Die rechte Hand steckte er gewöhnlich in die Tasche und die linke hielt er nach vorn gedreht. Er trug darin ein paar Dominosteine zum Verkauf. Gac Faulpelz war zu faul, auch nur den Standardsatz eines Menschen aufzusagen, der etwas zum Verkauf anbietet: Wer möchte einen Dominostein kaufen?

Gac Faulpelz wurde von jeder Arbeitsstelle entlassen. Oder besser gesagt, er verließ jede Arbeitsstelle, zu der er gezwungen wurde. Sein Lebensmotto war einfach: »Lieber an Hunger sterben als an Müdigkeit.«

Zur gleichen Zeit begann auch der Dichter Frederik Rreshpja »unauffällig zu leben«. Das erfuhr ich an einem Montag in der ersten Unterrichtsstunde. Auf dem Stundenplan stand Literatur. Diesem Schulfach wurde damals eine gewisse Bedeutung beigemessen, weil es in der achten Klasse zu den Fächern der sogenannten Abgangsprüfung gehörte, die uns in einigen Monaten bevorstand.

Leider hatte ich bis dahin keinen guten Literaturlehrer. Ich hörte den Erinnerungen meines Vaters und der anderen an ihre Literaturlehrer zu und genoss die Bewunderung, mit der über sie gesprochen wurde. Ich hatte hingegen nur korrekte Literaturlehrer.

Im Rahmen dieser Korrektheit wies uns die Literaturlehrerin gleich zu Anfang der Unterrichtsstunde streng an:

»Schlagt bitte das Lesebuch auf Seite 55 auf. Ja, genau dort, wo sich das Gedicht ›Die albanische Rhapsodie‹ befindet und reißt die Seite vorsichtig … heraus!«

»Wir sollen sie herausreißen?!!!«

»Ja. Reißt sie heraus.«

»Aus dem Buch herausreißen?!!!«

»Ja. Denn der Autor ist ein Feind der Partei und des Volkes«, und sie sprach nicht einmal den Namen des armen Frederik Rreshpja aus.

Danach

1

Tonin Fishta teilte uns mit, dass ein Störsender installiert wird. Diese Nachricht kam so unerwartet, als würde man vom Herztod eines jungen Menschen hören, mit dem man noch vor fünf Minuten Fußball gespielt hatte.

»Ein Störsender?!!!!! Was ist das denn?«

»Tja«, überlegte Tonin. »Wie soll ich euch das erklären... Das ist ein Apparat, der extra dafür eingerichtet wird, die Frequenzen des italienischen und jugoslawischen Fernsehens zu stören. Kurz gesagt, er zerstört das Bild und produziert Geräusche. Verständlich? Deshalb wird er ›Störsender‹ genannt.«

Das hörte sich wie eine Todesnachricht an. Wie eine der Nachrichten, die wohl durchdacht und kaltblütig übermittelt werden, weil sie sonst unaussprechbar wären. »Der Überbringer schlechter Nachrichten wird nicht getötet«, so steht es im Kanun von Lekë Dukagjini.

»Sollen wir denn jetzt das Albanische Fernsehen hochleben lassen oder die Fernsehapparate zerstören?«

Noch bis heute empfinde ich die Botschaft von Tonin Fishta, die er uns an dem Abend überbracht hatte, wie den Text von Shakespeare in seinem Meisterwerk »Hamlet«: »Der König ist tot! Es lebe der König!«

»Die Arschlöcher! Die Hurenböcke! Wann wird der Dreck denn eingeschaltet?«, wurde Tonin von jemandem gefragt.

»Vielleicht schon heute Abend oder spätestens morgen. Es handelt sich nur noch um Stunden«, gab Tonin bekannt.

»Schrecklich. Und wie geht es weiter? Werden wir Tirana sehen müssen?!!! Nur Tirana sehen können?!!! Und sonst nichts?!!! Aha...«

Das bedeutet also, uns selbst anzusehen. Keine Glasscheiben

mehr, sondern nur noch Spiegel in den Fenstern zu haben, und uns täglich an unserer Hässlichkeit zu weiden. Toll! Na, wann treffen wir uns, um uns selbst anzusehen?

»Pfui! Gott beschäme sie«, hörte ich zum ersten Mal in meinem Leben Oma fluchen.

Und dann passierte etwas Unerwartetes. Eine kompakte Menschenmenge, geleitet von einem einzigen Instinkt, wandte sich physisch zu Met. Eine Masse von simultan ausgestreckten Hälsen wandte sich synchron zu Met, dem Filmvorführer. Er erschrak von diesem allgemeinen Drehen der Köpfe in seine Richtung und machte eine abwehrende Geste.

»Was für Filme werden im Kino gezeigt?«, fragte ihn jemand, der gerade dazu stieß. Met holte einen kleinen Notizblock aus der Tasche und las schnell vor. »Im Laufe dieses Jahres stehen auf dem Programm: ›Flucht aus dem Schatten‹, tschechisch; ›Die Taucher‹, chinesisch; ›Der Kreis‹, tschechisch; ›Ivana‹, sowjetisch; ›Viva Zapata‹, amerikanisch; ›Marie-Octobre‹, französisch; ›Stechfliege‹, sowjetisch; ›Der Sieg über den Tod‹, albanisch; ›Schwarze Panther‹, deutsch; ›Offene Horizonte‹, albanisch; ›Wer sind Sie, Herr Sorge‹, zwei Teile, französisch-japanisch; ›Der wahre Mensch‹, sowjetisch; ›Seilergasse 8‹, deutsch; ›Liebesbegegnung‹, mexikanisch; ›Himmel des Glücks‹, mexikanisch; ›Der schlaue Peter‹, bulgarisch.«

»Reicht«, fiel ihm Onkel Tom ins Wort, »wir wissen Bescheid.«

Met wirkte zerknirscht. Er schlug den Notizblock schnell zu und steckte ihn in die Gesäßtasche, als würde er ihm nicht gehören. Er spürte, wie er wieder zu einem wichtigen Menschen wurde. Wie früher… Dennoch, es herrschte tiefes Schweigen. Bestimmt dachten alle darüber nach, wie sie es brechen könnten, aber niemand fand ein überzeugendes Wort. Es fühlte sich an, als wollte man auf einen anderen Ast steigen, nachdem der, auf den man geklettert war, langsam abbrach.

2

Es wurde Abend. Die Ankündigung von Tonin Fishta, des Antennentechnikers vom albanischen Fernsehfunk, hatte sich bewahrheitet. Auf dem Berggipfel vom Tarabosh, der quer über der Stadt liegt, wurden Antennen aufgestellt. Und man ahnt es schon: Der Fernseher zeigte nur noch das Programm von Tirana.

Niemand kam mehr zu uns. Oma konnte wieder ungestört Kartoffeln und Eier auf dem Herd in der Ecke des Besuchszimmers braten. Ja, so war es...

Ich saß wieder einmal auf dem Fensterbrett im großen Schlafzimmer. Allein. Mit dem Blick zum sterbenden Himmel. Ich höre, dass die Hoftür meines Nachbarn Zef Zorba geht. Ich sehe einen langen Draht, der über den Hof führt, und der sich spannt, wenn die Tür geöffnet wird. Jemand kommt herein in den Hof. Ich erkenne Benjamin, den Dolmetscher und meinen ersten Italienischlehrer.

Er schaut die ganze Zeit zu Boden und betritt das Haus. Die Tür geht wieder. Der Draht, der die Tür öffnet, spannt sich. Diesmal sind es Paloka und Tinka. Tinka blond, grazil wie ein Reh und Paloka ihr genaues Gegenteil. Sie ließen die Tür zwei Fingerbreit offen, da sie wohl den sich nähernden Ernest sahen. Er ist dünn und hat einen Schnurrbart im Stil des italienischen Neorealismus. Nach Ernest kommen noch zwei Männer, deren Namen ich nicht kenne. Mir kam es wie eine illegale Zusammenkunft vor, und ich wünschte mir, einen Grund zu finden, um auch dabei zu sein...

Ich war größer geworden und konnte wie die anderen auch an die Tür klopfen. Außerdem hatte sich Zorba in letzter Zeit mit mir ein wenig unterhalten. Wir hatten über Literatur gesprochen.

Ich bin mir jetzt ganz sicher: Zef Zorba konnte nicht ahnen, dass rund zwei Wochen später, am 7. Dezember 1975 der große amerikanische Dramatiker und Romancier Thornton Wilder sterben würde. Und ich staune immer wieder, sooft ich darüber nachdenke, wie es möglich gewesen war, dass Zef Zorba genau zu jener Zeit das berühmte Drama »Das lange Weihnachtsmahl« übersetzt und auf die »Bühne« gebracht hatte. Wenn ich »Bühne« sage, muss man sich in Wirklichkeit darunter etwas anderes vorstellen, als man gewohnt ist. Es war ein Holzkasten in Form eines Parallelepipeds, mit vier geschlossenen und zwei offenen umlaufenden Seiten.

Etwa achtzig Zentimeter lang, vierzig Zentimeter hoch und genauso tief, stand der Kasten auf dem Esstisch von Zef Zorba. Ein Fernsehgerät ohne Bildschirm und mit einer Rückwand. Innen befand sich das Bühnenbild: ein langer Tisch und zwölf Schemel, alles en miniature. Auf der einen Seite war die Bühne von Blumen und auf der anderen von Sträuchern begrenzt. Figuren: Lucia; die Mutter Bayard; Roderick; Vetter Brandon; Charles, Sohn von Roderick und Lucia; Geneviéve, die Tochter der beiden; eine Krankenschwester; Leonora, die Frau von Charles; Irmengard; Sam, der Sohn von Charles und Leonora; Lucia II, die Tochter von Charles und Leonora und Roderick II, der Sohn von Charles und Leonora. Alles selbstgebastelt: die kleinen, handbemalten, bunten Holzpuppen.

Zef Zorba stand hinter dem Kasten mit der albanischen Übersetzung in einem aufgeschlagenen Heft. Er hielt zwei Zangen in der Hand, mit denen er die Figuren bewegte und die Szenen baute.

Die Zuschauer nahmen ihm gegenüber Platz. Es waren sechs Personen, mich nicht eingerechnet: Tinka und Paloka, Benjamin, Ernest und zwei mir unbekannte Männer. Zwölf auf den Kasten gerichtete Augenpaare. Zorba gab eine kurze Einführung: »Es handelt sich um ein Theaterstück, dessen Handlung sich in einem Zeitraffer über neunzig Jahre erstreckt und neunzig Weihnachtsmahle im Haus Bayard zeigt.« Er trug sie langsam vor und atmete achtsam. »Alles, was in dieser Zeitspanne geschah, die Veränderungen der Bräuche und Verhaltensweisen, das Wachstum der Familie und ihres Reichtums, wird unter den vielfältigen Aspekten des Lebens zusammengefasst.«

Action!

3

Ich fühlte mich frei, weil ich im Gymnasium weder das Pioniertuch noch eine Schultasche trug. Die Schulhefte und ganz selten auch ein Buch nahm ich unter den Arm. Ich hatte keine Schuluniform an. Ich zog mich an, wie es mir gerade passte und machte mir darüber keine Gedanken. Das passiert, wenn alle gleich sind. Man zieht sich wie eine Vogelscheuche an. Ja, das ist das richtige Wort.

Das Gymnasium befand sich auf der anderen Seite, wenn man aus unserer kleinen Gasse kam. In die Grundschule musste man sich nach rechts wenden, in Richtung Gjuhadol. Ins Gymnasium musste man nach links abbiegen, in Richtung der Neuen Läden.

Die Neuen Läden hießen spätestens seit 1905 so, als ein starkes Erdbeben die Stadt erschüttert und stark beschädigt hatte. Da zog sich die Stadt genüsslich zurück und baute sich von neuem auf, aber diesmal alla franca.

Gleich am Anfang der Straße, noch vor den Neuen Läden, waren immer viele Menschen unterwegs. Dieser kleine Platz wurde besonders im Winter von Gerüchen aus den Hausschornsteinen erfüllt. Dominant war der Geruch nach Bohnen, die ständig in allen Häusern gekocht wurden.

Am Rand des Platzes, an einem Holzmast, an dem die Stromleitungen des Viertels zusammenliefen, brachten Menschen die Todesanzeigen der Verstorbenen vom Vortag an. Ich ging immer daran vorbei, ohne die Anzeigen zu beachten. Wie das junge Menschen so machen … was kümmerten mich die Toten…?!!!

Aber dieses Mal blieb ich stehen. Ich blieb stehen, weil ich wusste, was ich darauf finden werde. Ich hatte zufällig davon gehört, und ich weiß nicht, warum mich die Nachricht vom Mord an Mark Fliegenfänger so erschüttert hatte. Ich wollte noch einmal das Gesicht des armen Mark sehen, aber es war nicht möglich. Seine Todesanzeige war ohne Foto. Sie enthielt nur seinen Namen und sonst nichts. So erfuhr ich seinen wirklichen Nachnamen. Er hieß Mark Banda. Der Name »Banda« gefiel mir, weil ich wusste, dass er im Albanischen für eine Musikband und nicht für eine Verbrecherbande steht. In dem Augenblick stellte ich eine Verbindung zwischen der Musik und Mark Fliegenfänger her.

Zum ersten Mal in meinem Leben verband sich das Wort Mord mit dem Namen eines Bekannten: mit Mark Fliegenfänger. Obwohl er für mich keine bedeutende Rolle spielte, war er unschuldig und mir infolgedessen lieb, lieb wie ein Kind. Beim Weitergehen stellte ich mir ein erhängtes Kind vor. Das erhängt wurde oder sich selbst erhängte. Ich weiß es nicht. Mich hatte nur das Ende interessiert.

Ich war verzweifelt. Tatsächlich bin ich heute verzweifelter als damals. Ich hätte damals erschrocken und erstaunt statt verzweifelt sein müssen. Das Ende von Mark war furchtbar. Vollkommen grundlos. Er wurde an einem Draht hängend am Zürgelbaum vor dem alten Reisebüro aufgefunden. Es hieß, dass sein Leichnam von der Abteilung für Inneres für eine Untersuchung beschlagnahmt worden war. Das Wort Mord war zu der Zeit nicht sehr verbreitet. Die Menschen mordeten nicht oft. Die Mordwerkzeuge hatten sie wohl oder übel abgeliefert. Jetzt mordete nur noch der Staat.

Der arme Mark... Er hatte keinem etwas angetan. Nicht einmal den Kindern, die ihn wegen seiner Segelohren lauthals verspotteten.

Ich weiß nicht, warum ich an dem Tag so viele Menschen in unserem Haus vorfand. Als hätte das Fernsehen wieder angefangen. Aber dem war nicht so, alle sprachen vom Mord an Mark Fliegenfänger, als wäre er ihr Verwandter.

Meine Oma sorgte ganz wie früher für ständigen Nachschub von Kaffee. Ich hatte vergessen zu sagen, dass Mark Fliegenfänger allein lebte.

Er hatte niemanden, der ihm eine Trauerfeier ausgerichtet hätte.

4

Es folgten Tage, die einander wie zwei Regentropfen glichen. Sie glichen einander, weil nichts geschah. Die Zeit war wie die Nulllinie eines EKG beim Herzstillstand. In dem Augenblick, als die Ärzte schon die Hoffnung verloren hatten, dass das Herz wieder schlagen wird, bekam es einen Stoß und die Linie des EKG wurde wieder wellenförmig. So war das auch mit unseren Tagen. Eine Nachricht schlug immer wie ein Blitz aus heiterem Himmel ein, und entweder vergrößerte sie den Ruin oder sie verlieh einen Funken Hoffnung.

»Verwirre, um zu klären« war eine Parole des legendären Führers des chinesischen Volkes, Mao Zedong. Derart war auch die Nachricht, dass es zwei jungen Männern aus unserem Viertel gelungen war zu flüchten.

»Ja, ja. Das ist wahr, Fred Lezha und Seit Hila sind über den See nach drüben geschwommen.«

»Geschwommen?!!!«

»Ja, ja. Geschwommen.«

Die Nachricht kam mit zwei Tagen Verspätung an. Genauer gesagt, der Vorfall kam heraus, als vor den Häusern der Familienangehörigen ein LKW vorfuhr, um sie und den für das Leben in der Internierung notwendigsten Hausrat aufzuladen.

Einer erzählte, dass man sie nach Lushnja in irgendwelche Sümpfe voller Malariamücken brachte. Ein anderer vermutete, dass sie wahrscheinlich nach Tepelena in eine Schlucht verbannt wurden, in der scharfe und kalte Winde wehen. Ein dritter, der optimistischer gestimmt war, flüsterte den Namen von Torrovica, das an einem Berg an der Autostraße nach Tirana lag. Wie dem auch sei, ihren unglückseligen Bestimmungsort erfuhr man erst viele Jahre später.

In unserem Viertel gab es jetzt zwei Familien weniger. Zwei Familien weniger, aber keine zwei leerstehenden Häuser. Der Rat des Viertels würde sich schnell darum kümmern, dass zwei Familien entweder aus den Dörfern oder aus den Bergen nachrücken.

Fred Lezha und Seit Hila, einer groß und Volleyballspieler, der andere klein und kräftig, überquerten schwimmend den Shkodra-See in einer dunklen und regnerischen Nacht und erreichten das montenegrinische Ufer, wo die Freiheit begann. Es gab Stimmen, die behaupteten, dass den Großen, also Fred Lezha, in dem rauen und keineswegs gemütlichen Wasser des Sees die Kräfte verließen, und dass es der Kleine, Stämmige war, der ihn auf den Rücken nahm und lebend ans gegenüberliegende Ufer rettete.

Ihre Familien fuhren los. Auf einem Pritschenwagen, vollgestopft mit Hausrat. Sie saßen obendrauf, damit sie von allen gesehen werden und damit sich alle gut merken, was das bedeutet, wenn jemand aus der Familie flüchtet.

Am nächsten Tag wurden sie verpflichtet, sich in eine Brigade der vor ihnen Internierten einzureihen und schwere Arbeit in der Landwirtschaft zu verrichten.

Ich stellte mir meine zarten und an die Arbeit mit der Schaufel nicht gewöhnten Hände und meine zerbrechlichen Beine in Gummistiefeln vor…

Es wurde erzählt, dass dort die verschiedensten Menschen lebten, bis hin zu den Höchsten, und dass sie gezwungen wurden, endlos und hoffnungslos zu arbeiten.

Diejenigen, die dieses schlimme Schicksal erlitten, verloren obendrein auch ihre Häuser. Und es dauerte tatsächlich keine drei Tage, und die Häuser bezogen die Familie von Ndoja, einem Hotelrezeptionisten und Mitarbeiter der Staatssicherheit, sowie die Familie von Diella, der Mutter von Lodo, der für ein paar Monate in meine Klasse kam.

5

Und da kommt auch schon Kristo Patanaku. Fröhlich und vor Gesundheit strotzend fällt er in unser Haus ein, wie immer ohne zu klopfen und ohne zu grüßen:

»Nuhi Uhrmacher wurde verhaftet!«

»Nuhi Uhrmacher? Aber wieso?!!!«

»Weil das so ist«, sagte Kristo Patanaku und versuchte, sich das Grinsen zu verkneifen, aber sein spitzer Goldzahn blitzte im

Sonnenstrahl auf. »Ja, ja. Mit Nuhi Uhrmacher ist es aus. Endlich ist er zu seinen alten Kumpels gezogen. Wo sein Platz ist.«

»Warum denn? Soll dir die Zunge verdorren!«, bohrte Oma nach. »Was hat denn der Nuhi getan? Was hat er denn verbrochen?«

»Er ist ein alter deutscher Agent, Angje. Ein sehr gefährlicher Geheimagent.«

»Der Nuhi ein alter deutscher Agent, ein sehr gefährlicher Geheimagent?!!! Wieso haben wir das nicht gewusst?!!! Schau, schau ..., Teufel aber auch...«

»Ja, so ist es. Wir haben es nicht gewusst, aber heute haben sie ihn mit einem deutschen Touristen erwischt, dem er irgendwas gegeben hat. Ich glaube, eine Uhr, in der irgendwas drin war, aber ihr werdet das bald erfahren, macht euch keine Sorgen. Weil es jetzt so kleine Abhörgeräte gibt, wie wir alle wissen, die man in einer Uhr verstecken kann oder in einem Schmuckkästchen oder in einem Aschenbecher oder in solchen kleinen und zum Schein unwichtigen Dingen.«

Nuhi arbeitete in dem Laden, der früher seiner war und jetzt zum Betrieb der Reparaturdienste gehörte. Es kam häufig vor, dass die Partei jemanden verstaatlichte, aber ihn an seinem Arbeitsplatz beließ. Er wurde vom Eigentümer zum Mieter. Oder sogar zum verantwortlichen Leiter, wenn es eine große Firma mit vielen Arbeitskräften war. Auf diese Weise durfte Nuhi in seinem früheren Uhrmacherladen weiterarbeiten. Jetzt als einfacher Lohnarbeiter.

Die Verhaftung von Nuhi hatte mit dem Besuch eines westdeutschen Touristen in seinem Laden zu tun. Zufällig war dieser Herr während des Zweiten Weltkriegs als Soldat in Albanien gewesen und hatte seine Armbanduhr ein paar Tage vor dem Rückzug der letzten deutschen Einheiten zur Reparatur zu Nuhi gebracht. Also irgendwann Ende November 1944.

Dieser Herr war mit einer der seltenen Touristengruppen nach Shkodra gekommen und er sah, dass am selben Platz dasselbe Gesicht dasselbe Handwerk verrichtete. Nuhi Uhrmacher.

»Ich habe ihn«, wird er sich gesagt haben. Er scherte schnell aus der Gruppe aus, ging in Nuhis Laden hinein, sah ihn durchdringend an und sprach ihn von oben herab an:

»Mein Herr! Vor mehr als dreißig Jahren, am Vormittag des 27. November 1944, habe ich Ihnen eine Uhr der Marke ›Mühle Glashütte‹ zur Reparatur gebracht. Ich heiße Hans Werther Lohmeyer. Sie haben mir gesagt, ich kann meine Uhr in drei Tagen abholen. Wie Sie sich gewiss erinnern können, sind wir abgezogen, oder wie Sie heutzutage sagen, haben Sie uns in die Flucht geschlagen. Ich bin jetzt da, um meine Uhr abzuholen, nicht nach drei Tagen, sondern nach dreißig Jahren.«

Hans Werther Lohmeyer hatte wohl vor, Nuhi Uhrmacher mit seinem Blick zu durchbohren, aber dieser erhob sich, noch bevor der Satz zu Ende gesprochen war, schlug jedoch nicht die Hacken zusammen, sondern zog eine Schublade auf, holte einen kleinen Schlüssel heraus und sperrte damit ein schmales Fach auf, dem er die aufgezogene Uhr der Marke »Mühle Glashütte« entnahm...

»Bitte schön, mein Herr. Damals hätten Sie 20 Franken gezahlt, heute zahlen Sie nichts!«

Und beide neigten gleichzeitig ihren Kopf zum Zeichen des gegenseitigen Respekts.

Der ganzen Szene schauten durch die Ladenfenster Alt und Jung gemeinsam mit der kleinen deutschen Touristengruppe und einem kleinen Mann von der Staatssicherheit zu, der sofort hereinkam und Nuhi Uhrmacher als einen geheimen, durchtriebenen, mit allen Wassern gewaschenen Agenten des westdeutschen und vielleicht auch des amerikanischen Imperialismus Handschellen anlegte.

6

Ich hatte den Eindruck, dass sich das Café Grand wieder füllte. Das muss nichts mit dem Ende des gemeinsamen Fernsehens zu tun gehabt haben. Dieser Eindruck wurde durch mein Wachstum befördert, durch die Möglichkeit, auch ohne die Eltern hineinzugehen. Mit einem Freund zusammen. Denn in Wirklichkeit durchlebte das Café Grand gerade seine schwersten Jahre. Es war nicht nur physisch im tiefen Niedergang begriffen, sondern auch als ein geweihter Ort. Das Café Grand gehörte zu den vier »Großen«, von denen die »Wiege der Kultur« ständig geschaukelt wurde. Das waren die albanischen Alpen, das »Große Bergland«, die Kathedrale, die »Große Kirche«, die Kirche »Großer Walnussbaum« und das Café Grand, das »Große Café«. Alles Große versammelt sich in Shkodra, nur Großbritannien nicht.

Der Bau des Café Grand wurde 1920 von der Familie Ashiku begonnen und aus mir unbekannten Gründen an die Familie Luka verkauft. Die Lukas erwarben ein unfertiges Gebäude. Sie hatten es indessen nicht lange genossen. Sie gaben es als Aussteuer ihrer Tochter Filomena, die einen Herrn Gulielmi heiratete. Er hieß mit Nachnamen auch Luka, war jedoch mit seiner künftigen Frau nicht verwandt. Aber das »glückselige Ehepaar Luka« bekam nur Töchter.

Das Café wurde so berühmt, dass aus dieser Zeit die Geschichte eines Bergbauern überliefert wurde, der sein ganzes Leben gespart hatte, um einmal wie ein Herr im Café Grand Kaffee zu trinken. Als er dachte, dass er dafür genug Geld auf die hohe Kante gelegt hatte, wusch er sich, zog sich neue Sachen an, striegelte sein Pferd und ritt nach Shkodra. Dort angekommen, zwirbelte er noch einmal seinen Schnurrbart, band das Pferd am

Bürgersteig an, setzte sich mit stolz geschwellter Brust ins Café und schlug die Beine übereinander.

Er bestellte einen Kaffee und fragte dann leise nach dem Preis.

»Zehn Lek«, teilte ihm der Kellner mit.

»Zehn Lek?!!!!« Der Bergbauer traute seinen Ohren nicht, weil der Arme mit einem viel höheren Betrag gerechnet hatte. »Dann bring meinem Pferd einen Eimer Kaffee.«

Am Ende des Jahres 1945 wurde das Café Grand wie alle anderen Handelsunternehmen in Shkodra verstaatlicht und behielt nicht nur seinen Zweck als Bar, Restaurant und Hotel, sondern sehr wohl auch seinen Ruhm bei.

So funktionierte es also zu meiner Zeit. Einfach. Intim. Eingerichtet mit schwerem Mobiliar. Friedvoll. Seriös. An der Fassade unterhalb des Balkons über dem Türbogen war ein gemeißelter Kopf von Dyonisos (Bacchus). Angeblich ist es das Selbstbildnis des Architekten Nikolla Idromeno als grinsender alter Trinker. Halbsäulen nach dorischem Muster. Fensterbögen. Gitter. Alles harmonisch auf die Straße abgestimmt, die ebenfalls von Idromeno entworfen wurde. Dieses Gebäude im österreichisch-ungarischen Stil, möglicherweise identisch mit Wiener Lokalen der Habsburgerzeit, hatte einen zentralen großen Raum mit Spiegeln und Tischen, links mit einem Billardtisch und in der Mitte eine Theke, an deren rechten Seite das Orchester saß, das aus einer Menge begabter Musiker bestand, die ihre Stammgäste in- und auswendig kannten. Es war das einzige Café, dem auch der Bürgersteig davor gehörte.

Anscheinend war es nicht die große Schmiede, in der bürgerliches Leben geformt wurde. Sicherlich war es damals auch voller Spitzel der Staatssicherheit, die am frühen Nachmittag noch scharf aufpassten und bis zum späten Abend immer lascher wurden.

Es ist interessant, dass ein großer Teil der Witze gegen das Regime seinen Ursprung im Café Grand hatte. Viele begannen mit dem Satz: »Der Soundso und der Soundso saßen mal zusammen im Café Grand ...« oder »Treffen sich ein Dörfler und ein Städter vorm Café Grand...«

Aleks und ich hatten zwar kaum Geld in der Tasche, gingen aber trotzdem ins Café. Vor der Tür ein wenig verwirrt und drinnen ziemlich orientierungslos. Aha. Dort links sitzt Onkel Pjetër allein am Tisch mit einem Glas Raki. Wir steuern seine Richtung an. Pjetër Gjini erkennt uns und lacht uns an. Wir setzen uns wie »Männer« zu ihm und bestellen jeder ein Bier.

»Was treibst du so, Onkel Pjetër?«, eröffnete ich das Gespräch wie ein Erwachsener.

»Ach, ich übersetze gerade das berühmte Lied von Domenico Modugno ›Volare‹ Fliegen! Und...« Er kommt gar nicht weiter, weil an unserem Tisch ein kleiner, total krummer, kahlköpfiger Mann erscheint.

»Pjetër! Essen wir was zusammen?« Ich stand auf und holte noch einen vierten Stuhl an den Tisch. Was für ein Glück. Wer kannte den Mann nicht. Das war Tef Palushi. Der berühmte Karikaturist und Humorist. Oh, was für ein Glück.

Tefs Körper war vollkommen verdreht. Er zitterte an allen Gliedern, aber wenn er sich hinsetzte und sich mit den Ellenbogen auf dem Tisch aufstützte, zitterte nur seine Aussprache. Pjetër winkte den Kellner heran, der eine Speisekarte voller Striche brachte. Tef war im Café bekannt wie ein bunter Hund. Er studierte die Speisekarte mit den Strichen, die bedeuteten, dass es fast nichts mehr zu Essen gab, und wandte sich an den Kellner:

»Für mich bitte zwei kurze Striche und einen langen!«

7

17. Dezember 1975. Der Namenstag meines Vaters. Heiliger Lazarus. Wir feierten zu Hause alle religiösen Feste in demselben Rhythmus, als würden wir in der Epoche vor 1967 leben. Das Haus wurde für die Gäste geputzt. Alles für die Bewirtung Nötige wurde eingekauft. Unbedingt Kaffee. Kaffee auf jeden Fall, denn es gab nicht zufällig den Spruch: »Wir gehen zu dem Sowieso, Namenstagskaffee trinken.« Dazu Raki für die Männer und Vermouth für die Frauen. Wir nannten ihn Wermut, obwohl auf dem Etikett Vermouth stand. Tatsächlich war der Wermut eher eine Arznei als ein alkoholisches Getränk. Früher wurde er als medizinisches Tonikum genutzt. Dieses Getränk war vom deutschen Wermutwein inspiriert. Technisch konnte man Wermut auch einen aromatisierten Wein nennen. Aber da Wermut im Albanischen wie ein zusammengesetztes Wort klang, gab es einen Witz, dass Wermut ein Getränk ist, das Vorspeisen enthält. Außerdem unbedingt Bonbons und Kekse. Makronen und vor allem Kuchen gehörten zu einem echten Festessen.

Als ich mich zum Abendbrot hinsetzte, bemerkte ich schon von der Sommerküche im alten Stall aus, dass Professor Kola Ashta mit seiner Frau, Tante Neta, zu Besuch kam. Sie wussten, wenn sie uns lockerer und nicht unter den vielen anderen Gästen besuchen wollten, war es günstig, am späten Abend zu kommen.

Normalerweise kamen gegen vier Uhr als erste die alten Frauen aus dem Viertel zu Besuch, und danach folgten immer gebildetere Gäste bis abends um acht Uhr.

Professor Kola war am Gymnasium der Literaturlehrer meines Vaters und meines Onkels Çezar. Tante Neta war Lehrerin in der ersten Klasse in der Grundschule, in der auch Mami unterrichtete.

Anschließend kam noch ein anderer Lehrer, Gjon Shllaku, mit seiner Frau Tante Neta. Auch die Freundschaft mit Professor Gjon ging mehr von Mamis Seite aus. Sie arbeitete mit Tante Neta, Gjons Frau, in derselben Schule wie Kolas Frau Tante Neta. Die Tante Neta, Frau von Gjon, war in der ersten Klasse die Lehrerin meiner Schwester.

Ich fand das großartig! Diese Situation war für mich ganz toll. Mein Vater wusste, wie sehr ich den Kontakt zu diesen Menschen schätzte, und er führte das Gespräch sehr konzentriert, damit es nicht von einem Augenblick zum anderen auf das banale Niveau des Typs: »Schönes Wetter, nicht wahr« abrutschte.

Mein Vater sorgte für die entsprechende Sitzordnung, damit die beiden Netas nebeneinander bei Mami sitzen. Die Frauen wussten genau, mit wie viel Dezibel sie sprechen konnten, wenn sich Professor Kola und Professor Gjon unterhielten.

Kola schrieb seit etwa fünfundzwanzig Jahren am Historischen Wörterbuch der albanischen Sprache, angefangen bei dem ersten Wort, das in der Taufformel von 1462 stand, bis hin zum letzten Wort der mittelalterlichen albanischen Autoren. Seine Arbeit umfasste etwa fünf Jahrhunderte Literatur.

Gjon beschäftigte sich genauso lange mit der Übersetzung der bedeutendsten Werke der griechischen Antike ins Albanische, angefangen bei der »Ilias« und der »Odyssee«. Nach den Übersetzungen gab er das Wörterbuch Lateinisch-Albanisch mit sechzigtausend Stichwörtern heraus.

Die Biografie von Gjon, obwohl sein Name auf dem Frontispiz der von ihm übersetzten Bücher stand, blieb der albanischen Öffentlichkeit genauso verborgen wie die Biografie von Homer für die Weltöffentlichkeit.

Kola hat es nicht erlebt, die sieben Bände seines Werkes gedruckt zu sehen. Nicht den ersten Band, weil er erblindet war, und nicht die anderen sechs Bände, weil er vorher verstarb.

Genau in dem Augenblick, als alle Gäste gegangen waren und nur noch die Professoren blieben, genau in dem Augenblick, für den meine Mami kleine Vorspeisen vorbereitet hatte und eine Flasche Wein öffnete, die wie ein Augapfel gehütet worden war, erschien Genosse Hysen in der Tür.

Er kam mit einer großen Wassermelone und einem schon in Bushat vorbereiteten Witz, dass man in einer Hand keine zwei Melonen halten kann.

Wie man sich denken kann, zerstörte die raumgreifende Anwesenheit von Genosse Hysen abrupt die gerade entstehende Atmosphäre. Umso mehr, als Genosse Hysen, nachdem ihm mein Vater die zwei Professoren vorgestellt hatte, noch vertraulicher erscheinen wollte und wie ein echter Kapitalist fragte:

»Und warum macht ihr das überhaupt?! Bekommt ihr Geld dafür?! Prost, Lazër!«

Uns allen fiel die Kinnlade runter. Wenn mein Vater nicht dabei gewesen wäre, hätte ich Genossen Hysen an den Ohren gepackt und hinausgeschmissen.

8

Cen Pinuci wurde bei lebendigem Leib gekauft. Das ist wahr. Ich habe es von seinem Neffen, dem Sohn von Cens Bruder, erfahren, als wir einmal an dem Türrahmen eines Ladens im Stadtviertel Neue Läden lehnten und die Zeit totschlugen.

»Es ist so. Gestern sind mit dem Auto aus Tirana der Direktor der Universitätsklinik, der Chef des Lehrstuhls für Anatomie an der Medizinischen Fakultät und ein Vertreter des Gesundheitsministeriums zu uns gekommen«, berichtete der Neffe von Cen.

Er erzählte, dass sie den Körper seines Onkels noch zu seinen Lebzeiten einvernehmlich kaufen wollen, um seine Leiche zur Erforschung der Kleinwüchsigkeit zu untersuchen. In der Familie entbrannte ein heftiger Streit zwischen Cen Pinuci, der sich so schnell wie möglich verkaufen wollte, und seinen Geschwistern, die ihn auch verkaufen wollten, aber nicht gleich, sondern erst nach seinem Tod. Sie wussten nämlich nur allzu gut, dass Cen jetzt das ganze Geld allein kassieren und auf den Kopf hauen würde. Wenn er sich aber mit dem Verkauf nach seinem Tod einverstanden erklärte, könnten seine Geschwister den Erlös untereinander aufteilen. Schließlich hatten sie für Cens Unterhalt gesorgt. Mitten in den großen Streit schaltete sich der Mann vom Gesundheitsministerium ein und wies darauf hin, dass Cen nicht der einzige Fall ist. Wenn das Angebot abgelehnt wird, fährt er nach Peqin und erwirbt dort das Pendant von Cen.

»Wir haben gedacht, dass Sie kultivierte Menschen sind. Eine gute Familie. Deshalb kamen wir nach Shkodra zu Ihnen. Wenn wir gewusst hätten, was uns hier für ein Theater erwartet, hätten wir uns die Fahrt erspart.«

Nach dieser nicht gerade feinen Erpressung zogen sich die Verwandten von Cen zur Beratung in einen anderen Raum zurück. Sie einigten sich auf den Grundsatz: »Lieber den Spatz in der Hand als die Taube auf dem Dach!« Die älteste Schwester ergriff das Wort und flehte Cen vor aller Augen an:

»Ist gut, Cen. Wir sind damit einverstanden, dass du deinen Körper verkaufst, so lange du noch lebst und gesund bist. Gott gebe dir ein langes Leben! Aber … aber … versprich uns vor den Herrschaften, dass du das Geld für deinen Körper nicht nur für dich ausgibst. Schwöre!«

Cen erhob sich, und mit dem auf die Nabelhöhe seiner Schwester zielenden Blick erklärte er:

»Ich gebe mir Mühe.«

Damit war die Sache erledigt. Cen unterschrieb eine in Tirana vorbereitete Erklärung, die Herren verabschiedeten sich und nach zwei-drei Tagen wurde das Geld auf Cens Konto überwiesen. Seitdem sahen die Leute Cen bis in die späten Abendstunden entweder im Café Grand oder im Hotel Neuer Tourismus sitzen.

»Ich esse mich auf und bin niemandem Rechenschaft schuldig«, piepste er…

9

Der hochgewachsene Mann mit dem großen Kopf, der an jenem Wintermorgen vor mir lief…

Der einen schweren schwarzen Mantel aus dem Stoff »Gub« trug.

Der unter dem rechten Arm ein Bündel sorgfältig zugeschnittenes Anmachholz und in der linken Hand einen dicken Stoß Notenblätter hielt…

Ja, der mit dem großen Kopf und dem markanten Gesicht, mit der Hakennase wie unser Nationalheld Gjergj Kastrioti…

Der für einen Augenblick vor dem Fenster eines kleinen Hauses stehenblieb, das sich zehn Meter vor dem Eingang zu meiner früheren Schule befand…

Der jemandem zulächelte. Jemandem hinter der Gardine. Er, der Komponist.

»Er hat sich umgebracht.«

»Wie bitte?!!!!!«

»Ja. Heute früh. Er ist aus dem Fenster seines Studios im zweiten Stock des Kulturzentrums gesprungen.«

Der Komponist ... der gerade erst 52 Jahre alt geworden war.

In einem Alter, in dem alle schon damit aufhören, hatte er sich verliebt.

Der Komponist ... unter dessen Leitung das Philharmonische Stadtorchester die schwersten Musikstücke der Welt spielte, weil er der Überzeugung war, dass es besser ist, Beethoven schlecht als einen Soundso gut zu spielen.

Der Komponist ... der nach Orchesterproben abends mit dem besten Humoristen der Stadt spazieren ging und ihm Witze nur unter der Bedingung erzählte, dass er sie später vom Humoristen wieder hört.

Jetzt gab es ihn nicht mehr. Sein letzter Wunsch war, ihm bei der Beerdigung »Egmont« von Beethoven zu spielen. Aber wer hätte für ihn spielen sollen?! Die Toten?

Anscheinend hatte er sich »Egmont« deswegen ausgesucht, weil es ein zufälliges Musikstück war, genauso wie sein Leben. »Egmont« war eine Ouvertüre. Eine Ouvertüre, wie er selbst auch. Das vollständige Werk, wenn er in der Ewigkeit weiterleben würde, hätte aus dieser Ouvertüre, neun Stücken für Sopran und einem männlichen Erzähler bestehen und von einem Sinfonieorchester in voller Besetzung aufgeführt werden sollen. War er nicht auch nach einer Sopranistin verrückt? Nach einer Sopranistin, einer Primadonna, die ihm von der kleinen, unbedeutenden, engstirnigen, geheimniskrämerischen, hinterhältigen, verfaulten, zerfressenen, hässlichen und feigen Stadt verwehrt wurde, die von der Stadt verdammt wurde?!!! Und wo würde der Komponist einen männlichen Erzähler finden? Einen Mann, einen Jungen, einen Ehrenmann, einen Helden?!!!

Nirgends.

Wo findet man einen Jungen wie Rrema
der die Festung einnehmen kann

Wer hätte das Herz gehabt, sich zu wundern, wenn man in den folgenden Monaten seine Sopranistin in den Straßen barfuß und ungekämmt, umgeben von treuen Hunden herumirren sehen würde?!!!

Wen hätte es überrascht, eine einsame, zerlumpte Frau zu sehen, die lachte, wann sie wollte, die sang, wann sie Lust dazu hatte, die bitterlich weinte, ohne jemanden um Erlaubnis zu bitten und ohne sich beschämen zu lassen?!!!

10

Ich sah sie die Hauptstraße hinuntergehen, umringt von vier jungen Männern. Je zwei an jeder Seite. Schmutzstarrende Typen mit ungewaschenen Haaren. Treibhunde, die keines Blickes wert waren. Und mittendrin sie, mit ihren blonden, lockigen Haaren, mit ihren himmelblauen Augen, aber mit geplatzten Lippen und einem geschwollenen Gesicht. Sie sah aus, als hätte sie vor fünf Minuten geweint und jetzt lacht. Ihr engelsgleiches Strahlen … ihre Aura … waren erloschen.

Ein Sonnenstrahl
lag wie eine Engelskrone
auf deinem Haupt

So hatte Zef Zorba das Gedicht von Salvatore Quasimodo »Alter Winter« übertragen.

Es war Marilda. Marilda in schwarzen Schuhen, blauer Hose und einer weißen Bluse darüber.

Ich senkte den Blick genau in dem Moment, als ihre Augen meine suchten. Ich lief am Straßenrand, als hätte ich sie nicht bemerkt.

Weil sich Nikolin Seiti eines Nachts unerlaubt von der Armee entfernt hatte. Weil Nikolin Seiti vor niemandem Angst hatte. Weil sich Nikolin Seiti eines Nachts von der Armee entfernt hatte und die ganze Nacht zu Fuß zur Hauptverkehrsstraße ging und dort an einem Bewässerungskanal anhielt. Weil Nikolin Seiti eines Nachts die Soldatenuniform abgelegt hatte. Weil sich Nikolin Seiti nackt auszog und im eiskalten Wasser des Kanals badete.

Nikolin Seiti, ein schöner, muskulöser Mann, als wäre er der David von Michelangelo, hatte sich seine Zivilsachen angezogen, in denen er einst zur Armee eingezogen worden war: schwarze Schuhe, blaue Hose, und darüber ein weißes Hemd.

Wer hätte denn so einen gutaussehenden Mann nicht mit dem Auto mitgenommen?!!! Von einem Auto zum anderen hatte er es geschafft, irgendwann nach Mitternacht in unserem Viertel anzukommen, allein…

Von Zweifeln geplagt und von einem starken und untrüglichen Gefühl beherrscht, dass ihn seine Frau betrügt, steckte er sich ein Messer zwischen die Zähne und kletterte wie ein Akrobat die Hofmauer hinauf.

Als er drüben ankam, lief er unglücklicherweise gegen einen Blechzuber, den Blechzuber, in dem Marilda früher gebadet hatte, und der Lärm hallte durch die Nacht. Zwei fremde Männer stellten sich ihm in seinem Haus in den Weg, und er sah Marilda nackt unter der Bettdecke. So viel konnte Nikolin Seiti mit einem Blick sehen.

Die zwei Männer waren von der Staatssicherheit. Zwei Männer mit Schusswaffen.

Aber Nikolin Seiti raufte sich mit ihnen, bis sie ihn verprügelten und er nicht mehr auf den Beinen stehen konnte, bis er sie verprügelte und sie nicht mehr auf den Beinen stehen konnten.

Tja, der Zorn des betrogenen Mannes... Der Zorn des betrogenen Mannes...

»Wie Menelaos, wie Menelaos«, sagte Professor Gjon, der Übersetzer der »Ilias«.

11

Natürlich hörte Frederik Çapaliku mit dem Fußball auf. Nicht, dass seine Kondition nicht gut gewesen wäre, aber es kamen andere Dinge zusammen, und er hörte auf. Er war zweiunddreißig Jahre alt und körperlich topfit. Er hatte eine fröhliche und sorglose Natur. Er hatte sich die ganze Zeit nicht um die Möglichkeit gekümmert, wie die anderen Fußballspieler, ein Fernstudium am Sportinstitut aufzunehmen und Sportlehrer zu werden.

Also blieb er Elektriker, und auch als solcher war er anerkannt und beliebt, und niemand verlangte etwas von ihm. Er war gesellig, loyal, ein Sympathieträger. Er war auch einem Gläschen nicht abgeneigt und dann schimpfte er zu viel ... und so ... kam er gut über die Zeit. Nachmittags trainierte er die Kindermannschaft des Fußballvereins »Vllaznia«, weswegen seine Arbeitszeit von acht auf fünf Stunden verkürzt wurde.

»Wo wirst du arbeiten?«, wurde er gefragt, als er mit dem Fußball aufgehört hatte. »In der Busfabrik oder in der Geflügelzucht als Elektriker?«

»In der Geflügelzucht«, entschied Frederik. Und das tat er dann auch. Außer ihm arbeitete dort noch ein anderer Fußballspieler, der ehemalige Torwart von »Vllaznia«.

Seit seiner Arbeitsaufnahme roch es im Haus fast jeden Tag lecker nach Hähnchen, die im ersten Stock zubereitet wurden.

Nach einigen Monaten versprach er uns großspurig, dass wir alle, die wir im Haus wohnen, zu Silvester ein Hähnchen bekommen.

Man stelle sich vor, ein ganzes Brathähnchen, das man nicht eilig verschlingen muss, damit es einem nicht weggeschnappt wird. Was für ein wunderbarer Traum! Ein Traum vom Hähnchen.

Ich habe in meinem Leben nur einmal ein ganzes Brathähnchen gesehen. Ansonsten waren die Hähnchen schon in Teile zerlegt. Es gab nur ein einziges Hähnchen, unus unicum, wie Professor Gjon sagen würde, das hinter dem Schaufenster des einzigen Frühstückslokals im Stadtzentrum gebraten wurde. Selbst von draußen konnte ich eine Frau sehen, die im Duft des Hähnchens ein Stück Brot aß.

Und ausgerechnet einen Tag vor Silvester, am 30. Dezember, wurde Frederik zusammen mit seinem Freund Torwart verhaftet, als sie nachts einen Sack Hähnchen über die Mauer der Geflügelzucht hievten. So zerbrach ein Traum. Der Traum von einem Brathähnchen, das man ganz allein und in Ruhe essen kann.

Zwei ehemalige Fußballspieler von »Vllaznia«, mehrmals Landesmeister und Pokalsieger der Republik, in einem Hühnerkäfig. Aber das Spiel war noch nicht zu Ende. Zeitgleich zur Verhaftung wurde bei uns eine polizeiliche Hausdurchsuchung vorgenommen. Ein Ermittler nahm Befragungen vor. Er requirierte ein Büro im Rat des Viertels und bestellte zunächst alle männlichen Bewohner ein. Ich kam irgendwann um halb zwei nachts dran. Ich hatte Angst. Warum sollte ich verhört werden?!

»Wann hast du Frederik zum letzten Mal gesehen? Hast du gesehen, ob er Hähnchen nach Hause brachte? Hat er mit euch mal über die Hähnchen gesprochen? Brachte er von der Arbeit Taschen oder Säcke nach Hause?«, solcherart waren mehr oder weniger die Fragen, die mir gestellt wurden.

Ich habe erst spät erfahren, dass der Ermittler dem Fall gegenüber wohlwollend eingestellt war, und dass er die Befragung nachts durchführte, um sie schnell zu erledigen. Dennoch wurde am nächsten Morgen, dem 31. Dezember, in Shkodra der Witz erzählt, dass der Torwart und der rechte Verteidiger bei einem Angriff gefasst und eingesperrt wurden.

Der Fall wurde am Abend des 31. Dezembers in Form eines Volksgerichts abgeschlossen, das in der Geflügelzucht improvisiert wurde. Als der Richter Frederik und Zija für unschuldig erklärte, spendete der von den Arbeitern vollbesetzte Saal stürmischen Beifall: »Es lebe die Gerechtigkeit des Volkes!«

12

Gjenarin Gajtazi wurde nicht eingesperrt. Er wurde lediglich mit sechs Monaten Arbeit in der Produktion bestraft. Jemand hatte beide Augen zugedrückt. Anders gesagt, jemand war etwas nachlässig oder auch korrupt. Dem Vernehmen nach musste man nur wissen, wem man Geld zustecken sollte, am besten klingende Goldstücke.

Gjenarin wurde darüber hinaus als eine für die Erziehung der jungen Generationen unwürdige Person aus dem Bildungswesen entlassen. Darüber freute sich Gjenarin indessen aufrichtig, weil er das Dorf endlich los war.

Nach dem berühmt gewordenen anonymen Brief, dass Gjenarin die Schüler mit einem Stück Papier an den Ohren zieht und dem darauf folgenden entlarvenden Kontrollbesuch des Schulamtes wurde auch noch eine öffentliche Bloßstellung vor dem ganzen Dorf organisiert. Es gab Leute, die Gjenarin endgültig zerstören wollten. Sie listeten alle volksfremden Verhaltensweisen von Gjenarin auf und schlachteten vor allem aus, dass er Gitarre spielt.

»Der Lehrer Gjenarin singt nicht nur alle möglichen Lieder, sondern er setzt sich nach dem Unterricht auf den Felsen hinter der Schule und singt laut zur Gitarre: »Ach du! Ach, du!«

Daraufhin wurde Gjenarin aufgefordert, eine Erklärung abzugeben, dass es ihm nie so schlecht gegangen war, dass er auf dem Felsen laut »Ach, du! Ach, du!« singen musste.

»Genosse Gjok meint sicherlich das populäre italienische Lied ›Yuppi du, yuppi du‹, das ich nach dem Unterricht sang.«

Gjenarin wich einer Erklärung geschickt aus, indem er die mit dem albanischen Ausruf »Ach du« homonyme Abschlusssilbe des Films »Yuppi du« nutzte, obwohl er Adriano Çelentano so sehr mochte, dass er sogar bereit gewesen wäre, sich für ihn zu opfern.

Unter den Dorfbewohnern gab es aber viele, die gut über den Lehrer Gjenarin sprachen. Sie berichteten, dass er in ihren Augen ein hoch engagierter Pädagoge mit innovativen Persönlichkeitsqualitäten ist.

Der Lehrer Gjenarin hatte es also dieses Mal geschafft, durch das Nadelöhr zu schlüpfen.

Offenbar war die Person, der Gjenarin die klingenden Goldstücke zukommen ließ, davon überzeugt, dass er nach sechs Monaten in der Produktion und dem endgültigen Ausschluss aus dem Schulwesen im Schoße der Arbeiterklasse so weit umerzogen worden war, dass er im Kulturwesen eingesetzt werden kann. Er spielte Gitarre, war begeisterungsfähig und hatte auch schon früher Laientheatergruppen geleitet. Immerhin war es die Aufgabe der Partei, die Menschen nicht fallen zu lassen, wenn sie ihr Bewusstsein verändert hatten.

Also wurde Gjenarin zum Leiter eines Kulturzentrums in einem nahen Dorf ernannt und fühlte sich zum ersten Mal in seinem Leben wohl. Er hatte keine feste Arbeitszeit, er fuhr mit dem Fahrrad hin und her, und unterwegs machte er kleine einträgliche Geschäfte.

Er beschäftigte sich gern mit Geschichte und vor allem mit der Archäologie; er nahm auf sein Diensttonbandgerät alte Lieder und Volkssprüche auf; er organisierte Tanzabende; er inszenierte Theaterstücke, und im Grunde seines Herzens rächte er sich an denen, durch deren Intrige er aus dem Schulwesen entlassen und öffentlich bloßgestellt wurde und beinahe eingesperrt worden wäre.

Eines Abends stand auf der Tournee seiner Theatergruppe eine Aufführung in dem Dorf an, in dem er jahrelang als Lehrer beschäftigt gewesen war. Es war im Frühsommer und die Aufführung sollte in der Schulturnhalle stattfinden. Die Dorfbewohner wurden über ihre Arbeitsbrigaden eingeladen und meldeten sich als Familien an.

Da in dieser Gegend ein sehr mildes Klima herrschte, pflanzten die Dorfbewohner seit Generationen Feigenbäume in ihren Gärten an. Die Obstbäume brauchten keine Pflege und sie gediehen von selbst. Die Zuschauer kamen in die Vorstellung mit Körben voller Feigen. Einige waren zum Verschenken an die Schauspieler und der Rest für sie selbst. Genauso, wie im antiken Griechenland, als die Athener wegen der langen Spieldauer der Stücke ihr Essen dabeihatten.

Alle Zuschauer waren schon da. An beiden Seiten der Bühne, hinter den Kulissen standen zehn Körbe mit Feigen. Gjenarin rief die Schauspieler zusammen und anstatt ihnen die letzten Hinweise vor der Aufführung zu geben, sagte er zu ihnen:

»Hört zu! Wir führen eine Komödie auf. Machen wir sie noch belebter. Ich werde während der zweiten Szene alle Lichter löschen und einen Blackout von etwa einer Minute verursachen, während dem holt ihr die Körbe und bewerft die Zuschauer mit den Feigen. Die Feigen sind weich und sie verletzen niemanden. Und keine Sorge, falls sich jemand beschwert, trage ich die Verantwortung...«

Gjenarin löschte die Lichter ... und die Schauspieler vollführten eine Feigenattacke auf die Zuschauer, die im Dunklen nie darauf gekommen wären, dass sie von den Schauspielern beworfen wurden...

Gjenarin wartete ab, bis alle Schauspieler wieder hinter den Kulissen verschwunden waren, schaltete die Lichter ein und kam auf die Bühne, um sich für die unvorhergesehene Unterbrechung der Aufführung zu entschuldigen.

13

Solange ich mich erinnern kann, arbeitete mein Vater als Agronom auf dem Dorf. Mal in einer Kooperative, mal auf einer Farm und dann wieder in einer Kooperative.

Wie die meisten Agronomen bekam er vom Staat ein tschechisches Motorrad Jawa mit zweihundertfünfzig Kubikzentimeter Hubraum gestellt. Er startete das Motorrad jeden Morgen um dreiviertel sieben und kam abends gegen sieben Uhr zurück. Er war morgens so pünktlich, dass das Motorengeräusch den Wecker im Viertel ersetzte. Gelegentlich kam es vor, dass mein Vater einen Termin in der Stadt hatte oder krank war und an dem Tag nicht zur gewohnten Zeit das Haus verließ, das machte sich dann im ganzen Viertel bemerkbar. Manche verschliefen sogar und kamen zu spät in die Schule.

Manchmal nahm er mich aufs Dorf mit. Vor allem sonntags,

wenn ich ihm in den Ohren lag, mir das Motorradfahren beizubringen.

Grundsätzlich gab es eine Art Überheblichkeit gegenüber dem Dorf. Offenbar trug das Bedürfnis nach Selbsterhöhung und Geltung zu dieser Manie bei, die sich in Witzen über die Dörfler äußerte, bis hin zu dem entsetzlichen Spruch, dass man die Sehnsucht nach dem Dorf am besten durch einen einstündigen Aufenthalt auf dem Abort stillt. Es wurde erzählt, dass der Bezirksverband der Schriftsteller und Künstler einmal von einem Mitglied des Politbüros, vermutlich Foto Çami, besucht wurde. Er ließ eine Versammlung einberufen, in der gefordert wurde, dass der ganze Bezirksverband für ein freiwilliges Jahr auf dem Land stimmen soll. Das Politbüromitglied hielt seine Rede ruhig und langsam, damit auch der letzte im Saal begriff, dass die Aufforderung von Ihm, dem Führer und Oberbefehlshaber persönlich kam. Nach dem Vortrag des Genossen Foto setzte tiefe Stille und große Anspannung ein. Der Einzige, der die Stille unterbrach, war Jakup Lekaj, ein bekannter Maler, der in Leningrad studiert hatte. Er saß irgendwo hinten und gehörte zu denen, die nicht mitbekommen hatten, dass es sich um ein ganzes Jahr auf dem Land handelte. Er stand stolz auf und begann zu argumentieren:

»Ich denke«, erklärte er, »dass es nicht nur für jeden Maler, sondern auch für jeden Künstler gut ist, aufs Dorf zu gehen. Für einen Künstler ist die Berührung mit der Natur mehr als notwendig. Das Studium der Landschaften und der Menschen und Tiere bei der Arbeit ist eine der höchsten Lehren, die die Natur dem Künstler bietet…«

Jakup sprach weiter über das Gute der Kontakte von Künstlern zur Natur, und Genosse Foto freute sich, dass der Aufruf der Partei so schnell angenommen wurde.

»Und aus diesem Grunde«, schloss Jakup, »um auf den Punkt

zu kommen, melde ich mich als Erster, freiwillig für eine Woche aufs Land zu gehen.«

Bestürztes Schweigen. Über wen machte sich Jakup lustig? Über die Partei oder direkt über den Oberbefehlshaber?!!! Offenbar hatte jemand dann Jakup zugeflüstert, dass der Genosse nicht von einer Woche gesprochen hatte. Jakup reagierte umgehend und meldete sich erneut zu Wort:

»Genossen, entschuldigt bitte, dass ich voreilig eine Woche gesagt habe. Entschuldigung. Tragt bitte meinen Namen für zwei freiwillige Wochen auf dem Lande ein!«, und er setzte sich, als hätte er nichts mehr hinzuzufügen. Er hatte das Wort »zwei« so stark betont, dass alle in ein Gelächter ausbrachen, das auf keinem Foto festgehalten wurde.

14

Es war nur ein Dachziegel, der etwa zwanzig Zentimeter aus der untersten Reihe des Dachgesimses von unserem Gymnasium hinausragte. Ich meine das Dachgesims, unter dem der Direktor oder der Parteisekretär oder der Schulkommandant die Morgenrede hielt. Dieser Dachziegel fiel aus unbegreiflichen Gründen nicht herunter. Und das war gut so, sonst hätte er irreparable Schäden an den Köpfen der Obengenannten angerichtet. Vier Jahre lang ragte der Dachziegel stur heraus. Er erwies sich als so starrköpfig, dass wir mit dem Wort »Dachziegel« Menschen bezeichneten, die sich genauso stur wie er verhielten.

Eine von diesen Dachziegeln war unsere Klassenlehrerin, die, sicherlich auf eine Anordnung von oben, morgens vor dem Unterricht das gemeinsame Lesen aus den Werken von Enver Hoxha organisierte.

Man muss dazu wissen, dass in jenen Jahren, das heißt Ende der Siebziger und Anfang der Achtziger, der Genosse Enver starke Inspirationen hatte und seine Feder, Mashallah, mit kühnem Schwung ungezählte weiße Seiten füllte. Es gab jedoch auch böse Zungen, wie Jak von der Tante, die behaupteten, dass Er nicht selbst schrieb, sondern über ein Heer von anonymen Schreibern verfügte, die die Bücher unter seinem Namen verfassten.

Dachziegel teilte uns mit, dass wir am morgigen Tag das Werk »Mit Stalin« zu lesen beginnen. Es war ein so gewaltig dickes Buch, dass das Ende der Lektüre in unabsehbarer Ferne lag, und was noch schlimmer war, Dachziegel erlaubte es nicht, auch nur eine Seite zu überspringen.

Zweimal hatte Aleks das Buch aus der Tasche von Dachziegel geklaut, aber sie gab nicht auf. Sie drohte der ganzen Klasse, wenn es jemand wagt, das dritte neu gekaufte Exemplar anzurühren, landet er dort, »wo sein Platz ist«, und sie zeigte zur Tür.

Wir stellten uns vor, dass hinter der Tür eine weitere ist und dahinter noch eine und noch eine, wie Matrjoschkas, bis man vor der Gefängnistür steht und zu ihr sagt: »Öffne dich!«

Lass uns jedoch diesen Dachziegel »Kleiner Dachziegel« oder »Dachziegel Nr. 1« nennen, weil es in der Schule noch mehr Dachziegel gab. Ein größerer Dachziegel, und folglich auch ein dickerer, war der Kommandant oder Dachziegel Nr. 2. Er leitete die militärische Ausbildung. Dachziegel Nr. 2 hieß Hekuran Mullixhiu und stammte aus einem südalbanischen Dorf. Ein Schüler hat seinen Namen ins Italienische übersetzt und seitdem war Dachziegel Nr. 2 in der Schule als Ferruccio Mulinaio bekannt.

Der Dachziegel Nr. 3 war, wie hätte es anders sein können, der Parteisekretär, der das Fach Maschinenwesen unterrichtete.

Er kam direkt aus der Produktion, um den Schülern den heroischen Geist der Arbeiterklasse zu vermitteln. Er war der Schulkommissar.

Und so gab es insgesamt drei Dachziegel. Hatte nicht schon Pythagoras erkannt, dass das Dreieck die stabilste und die vollkommenste Figur auf der Welt ist? »Omne trinum est perfectum.«

Irgendjemand muss dem Dachziegel Nr. 1 gesagt haben, dass im bevorstehenden Monat Oktober, der von der Partei zum Monat der Literatur und der Künste erklärt worden war, ein Schriftsteller zum Gespräch mit den Schülern eingeladen werden muss. Ich erfuhr, dass am kommenden Nachmittag um vier Uhr der Schriftsteller Dik Zeka zu einem Gespräch in unsere Klasse kommt.

Er war als der erste atheistische albanische Autor bekannt. Wir konnten eine Menge satirische Verse von ihm auswendig, wie zum Beispiel:

In Gomsiqe, in den Bergen
Gab es einen jungen Priester
Mit dem Namen Dom Mhill Prushi,
Sein Körper hatte
Große Lust auf Frauen…

Dik kam in unsere Klasse wie ein schlampig gekleideter Mephisto, der einen großen Kopf, große Augen und zu allem Übel seit Kurzem auch noch Geschwulste im Gesicht hatte.

»Ich habe euch nichts zu erzählen«, eröffnete er das Gespräch, »und falls ihr Fragen habt, stehe ich euch zur Verfügung.«

Die Schüler waren heimlich belustigt, aber nicht so sehr über Dik, sondern über die Überraschung, die dem Dachziegel Nr. 1 ins Gesicht geschrieben stand, als sie ihn erblickte. Sie hatte den

Schriftsteller offensichtlich nicht gekannt und ihn sich wohl ganz anders vorgestellt.

Da hob Aleks schnell die Hand und fragte den Schriftsteller geradeheraus:

»In einem Ihrer Gedichte schreiben Sie, dass man einen großgewachsenen Körper haben muss, um ein guter Liebhaber zu sein. Und was ist mit uns, die zu klein geraten sind?«

»Mein Junge, die Sache ist so…«, hob Dik an zu sprechen, aber Dachziegel Nr. 1 schnitt ihm das Wort ab und beendete die Veranstaltung.

15

Die Industriezone erstreckte sich im Nordosten der Stadt und breitete sich immer weiter aus. Eine große Menge Fahrräder war zunächst am Morgen um Viertel vor sechs zu sehen und die nächste, noch größere, um Viertel vor sieben. Die einen arbeiteten in Schichten, die um sechs Uhr früh, um zwei Uhr mittags und um zehn Uhr nachts begannen. Die anderen arbeiteten von sieben bis drei.

Durch die Industriezone führte eine breite und asphaltierte Straße, zu deren Seiten das Drahtwerk, der Fuhrpark, die Papierfabrik, die Molkerei, die Süßwarenherstellung, die Zigarettenfabrik, die Tabakfermentierung usw. usw. lagen.

Angrenzend an die Industriezone befanden sich, als gehörten sie dazu, auch die Krankenhäuser.

In der dritten Gymnasialklasse leisteten wir einen Monat Arbeit in der Produktion. Wir wurden aufs Geratewohl eingeteilt, und ich kam in die Zigarettenfabrik.

»Lass dir bloß nicht einfallen, dir eine anzustecken. Das wars dann nämlich. Du wirst süchtig und kannst nie mehr aufhören«, war der einzige Rat, den ich zu Hause bekam.

Auch ich fuhr mit dem Fahrrad hin. Marke Diamant, deutsch, hergestellt in Chemnitz im Elite-Diamantwerk und seit dem Krieg in unserem Haus.

Als ich den Fabrikhof betrat, sah ich linkerhand die Kantine, auf deren Mauer ein Zitat geschrieben stand: »Vor dem Essen Hände waschen. Mao Zedong.« Welch hehres Ziel!

»Wenn du keinen Ärger kriegst, bring uns auch mal eine Schachtel mit. Eh, gegen Bezahlung, natürlich.«

In der Fabrik wurden drei Sorten Zigaretten mit Filter und eine ohne hergestellt. Die Filterzigaretten Arbëria, DS und Porti hatten auf dem Markt unterschiedliche Preise, aber unter der Hand wurden sie alle für 20 Lek gehandelt. Wem es zu riskant war, täglich aus der Fabrik eine Stange mit zehn Schachteln herauszuschmuggeln, der konnte sie an seinem Arbeitsplatz gegen andere Waren tauschen.

Der Tauschhandel fand an der Fabrikmauer statt. Dort kamen alle möglichen Typen aus den umliegenden Betrieben zusammen, und man konnte zwei Zigarettenschachteln gegen ein Stück Butter oder gegen eine Dose Kondensmilch oder gegen ein paar Meter Antennenkabel, Elektrodraht usw., je nach Bedarf, tauschen.

Alles, was dort verhökert wurde, war gestohlen. Man musste nur wissen, wen man zu schmieren hatte. Nach dem Motto: »Wir tun, als ob wir arbeiten, und ihr tut, als ob ihr uns bezahlt.«

Genosse Esat, der Fabrikdirektor, kam täglich eine Viertelstunde früher als die anderen ins Werk. Er nahm Platz im Pförtnerhäuschen und schaute sich die ankommenden Arbeiter an. Die meisten von ihnen wussten, warum er hinter der Fensterscheibe sitzt, und sie beteten zu Gott, dass er nicht auf sie mit dem Finger zeigt. Genosse Esat achtete darauf, nicht immer dieselben zu belästigen, sondern er streute breit.

Ein intelligenter Mann, wenn er dich durch die Eisentür hereinkommen sah, ging er im Geiste schnell deine Biografie durch und klopfte mit dem Finger an die Fensterscheibe just in dem Moment, wenn du vorbeiliefst. Und du bist selbstverständlich stehengeblieben. Du gingst hinein zu ihm und nachdem du das süße Lächeln des Genossen Esat erblicktest, hörtest du ihn sagen:

»He, du. Du musst heute nicht arbeiten. Du brauchst auch mal einen Tag frei. Geh nach Hause! Besorge Käse, gekochte Eier, Raki und Hähnchen. Um zwölf Uhr wartest du dort und dort in der Stadt. Wir kommen mit dem Minibus vorbei und nehmen dich mit. Wir fahren an den See feiern. Ich glaube, dass heute der Genosse Parteisekretär Geburtstag hat.«

Genosse Esat sagte immer: »Ich glaube, dass heute der Genosse Parteisekretär Geburtstag hat«, weil er selbst nie Geburtstag hatte oder wenn doch, sich ihn aber nicht gemerkt hatte.

Nachdem er auf diese Weise drei oder vier Personen nach Hause geschickt hatte, ging er in sein Büro, um aus der Nähe zu verfolgen, wie der Plan erfüllt wird. »Plan« oder »Pllan«, wie Genosse Enver sagte? Um dieses Detail zu klären, suchte Genosse Esat das Büro des Parteisekretärs auf, der beim Leben seiner Kinder schwor, dass Genosse Enver »Pllan« sagt, also mit zwei »ll«.

»Seltsam«, meinte Genosse Esat, »dass es im Wörterbuch der albanischen Gegenwartssprache mit einem ›l‹ geschrieben steht.«

»Vergiss das Wörterbuch, Genosse Esat. Lass uns die Werke lesen. Die Werke sind wichtig. Lass uns aufmerksam die Werke lesen und … den Pllan erfüllen.«

»Geht in Ordnung. Wir sehen uns dann um zwölf am verabredeten Ort«, beendete Genosse Esat das Gespräch und entfernte sich stillvergnügt.

16

Durch die Verlängerung der Eisenbahnstrecke bis nach Shkodra waren die Strapazen einer Reise nach Tirana Vergangenheit. Auch das Abenteuer mit den Bussen »Viberti« war damit zu Ende. Der Zug fuhr langsam, aber er war ein sicheres Verkehrsmittel. Man konnte sich darin wie zu Hause fühlen. Wie in einem Gästezimmer.

Die chinesischen Wagen hatten keine Abteile im klassisch bürgerlichen Sinn des Wortes. An beiden Seiten des Ganges befanden sich zueinander angeordnete Sitzbänke mit je drei Plätzen. Dazwischen gab es einen kleinen Tisch für die Fensterplätze. Am Zugende fuhr ein Güterwagen mit, in dem sich ein Mini-Imbiss befand, der Kekse, Zigaretten und Brause verkaufte.

Ich steige in den Zug ein. Die Platzwahl war wichtig. Sie musste gut bedacht sein. Denn für die Strecke von hundertzwanzig Kilometer brauchte man dreieinhalb Stunden. Und man stelle sich vor, die ganze Zeit gegenüber einer widerlichen Visage sitzen zu müssen. Deshalb sehe ich mir die anderen Leute mit Gepäck an, die sich wie ich im Gang aneinander vorbeidrängen, bis sie sich für einen Sitzplatz entscheiden.

Ich sehe junge Burschen in meinem Alter, die so lange durch den Zug laufen, bis sie auf Mädchen oder sympathische Typen stoßen. Es kommt aber auch vor, dass so ein Durcheinander herrscht, dass man keine Chance hat, sich einen Sitzplatz auszusuchen. Die Runde durch den Zug dreht man dennoch. Aleks zum Beispiel war imstande, aus dem Zug wieder auszusteigen, wenn er auf kein sympathisches Gesicht stieß.

Mit dem Zug gibt es noch ein anderes Problem. Es gibt darin keine Spiegel. Oder eigentlich doch, aber in der Toilette. Und wer geht schon in so eine Toilette, um sich im Spiegel anzuschauen? Aber hält man es ohne einen Spiegel aus?!

Zugleich war der Zug ein Treffpunkt für damals besonders wichtige Personen, die dienstlich nach Tirana fuhren. Man traf im Zug Menschen, die man sonst nie hätte treffen können: Künstler, Sportler und andere Berühmtheiten, die aber genauso arm wie die anderen waren.

Und ja. Die einzige Person, die man auch für eine Reise mit schönen Frauen nicht getauscht hätte, war Tef Palushi. Da ist er. Er hat sich gerade hingesetzt. Tef fährt oft nach Tirana und wohnt schon beinahe im Zug. Die Sechserbank bei Tef wird nicht nur deshalb voll, weil es mit ihm lustig ist…

Tef raucht und bietet allen eine Zigarette an. Oft haben die anderen keine Zigaretten dabei, um sich bei ihm für seine Freigiebigkeit zu revanchieren. Aber es gibt darunter auch echte Schmarotzer.

Meist rauchte Tef Filterzigaretten, und als sie einmal dank der mitrauchenden Reisenden alle waren, bat er mich, in den letzten Wagen zu gehen und für ihn die Marke »Partisan« zu kaufen. Als ich an der Wagentür ankam, sah ich, wie sich eine Frau ganz schnell zwei Schachteln »Partisan« in die Tasche steckte. Sie schaute sich um, ob das jemand mitbekommen hatte, und verließ den Wagen.

»Ich möchte eine Schachtel ›Partisan‹«, bestellte ich beim Büfettier.

»Wir haben keine Zigaretten mehr. Sie sind aus.«

»Wieso?! Sie haben doch der Frau gerade zwei Schachteln verkauft. Ich habe es mit eigenen Augen gesehen.«

»Du hast es gesehen und wir haben keine mehr. Verstehst du das, junger Mann?«

Ich gehe zu Tef zurück und erzähle ihm alles ausführlich. Er wurde aber nicht sauer. Er flüsterte mir ins Ohr, dass er gleich nach der Ankunft den Büfettier anzeigt, weil er Partisanen versteckt. Und dann wandte er sich an die anderen:

»Hey, Jungs! Wann treffen wir uns wieder hier zum Rauchen?«

17

In der Stadt gab es einige Typen, die als große Frauenhelden galten. Andere waren in eine Frau verliebt, nur dass die Frau in einen anderen verliebt war. Zum Beispiel Brahim von der Sanja war dreimal verlobt, und zwar immer mit der jeweiligen Ex von Nini von der Bixha. Es gab den Brauch in der Stadt, dass einige Typen unter dem Namen ihrer Mutter bekannt waren, der ihr Spitzname war. Die echten Nachnamen von Brahim und Nini wusste niemand mehr.

Es gab auch solche, die sich unsterblich verliebten, und ihr Leben verlor ohne die Angebetete seinen Sinn. Wie zum Beispiel Henrik, der immer Tränen vergoss, wenn er Gitarrenklänge in der Dämmerung hörte.

Es gab Typen wie den Schriftsteller Dik Zeka, die sich vom Grundsatz leiten ließen: »Für die schlechteste Frau gebe ich den besten Freund her.« Dieses Motto von ihm war so bekannt, dass die Nachricht, dass er geheiratet hatte, sich wie ein Lauffeuer verbreitete.

»Dik! Ich habe gehört, dass du geheiratet hast? Stimmt das denn wirklich?!!!«

»Aber ja«, wunderte sich Dik über das Erstaunen des anderen.

»Und wen hast du geheiratet?«

»Wen ich geheiratet habe?!!! Die, mit der du auch einmal gehen wirst. Die…«

Indessen gab es auch Gentlemen, die die Liebe als einen hohen menschlichen Wert ansahen, den die Banalitäten des Alltags nicht berührten. Wie zum Beispiel Pjetër Gaci, der sein berühmtes Lied »Diese Leidenschaft« über eine schöne, zauberhafte, vornehme Frau schrieb, die er täglich sah und die verheiratet war:

Wenn du anmutig auf der Straße gehst
Wie eine Lilie
Bleib einen Augenblick stehen und schau mich an
Weil ich in Leidenschaft für dich brenne…

Pjetër veröffentlichte das Lied nicht, ohne vorher mit dem Ehemann der Dame gesprochen und ihn um Erlaubnis gebeten zu haben, obwohl ihr Name im Lied nicht genannt wurde.

»Ich bin Pjetër Gaci«, sprach er eines Morgens den Ehemann seiner Muse an, »und ich weiß, wer Sie sind«.

»Ich weiß auch, wer Sie sind«, antwortete ihm der Herr.

Daraufhin bat ihn Pjetër um fünf Minuten und nahm ihn zu sich nach Hause mit. Er setzte sich ans Piano und spielte ihm das Lied vor.

»Das wollte ich Ihnen vorspielen, und Sie sind der Erste, der das Lied hört. Ich habe es für Ihre Frau geschrieben, und wenn Sie gegen die Veröffentlichung sind, vernichte ich es und bitte Sie um Entschuldigung wegen der Belästigung.«

Der Ehemann hätte den Kopf hängen lassen können. Pjetër vielleicht auch. Aber nein. Die Pause dauerte nur kurz.

»Ich fühle mich geehrt, Herr Gaci, dass Sie meiner Frau so schöne Worte und eine so schöne Musik gewidmet haben. Dafür danke ich Ihnen.« Der Mann gab ihm die Hand und verließ das Haus.

18

Meine Gymnasialzeit näherte sich dem Ende und mir wurde täglich bewusster, dass ich in einer Stadt von Hoffnungslosen lebe. Die Menschen sahen kein Licht mehr am Ende des Tunnels. Wenn ich jetzt darüber, viele Jahre später, nachdenke, ähnelt für mich diese Situation jener, in der sich die Albaner am Ende des Osmanischen Reiches befanden. Das Reich war gestürzt, und sie kämpften weiter in seinem Namen.

Wir, die drinnen ohne jegliche Bezugspunkte lebten, merkten nicht, wie hässlich die Stadt allmählich wurde. Von Tag zu Tag wurde sie kleiner, sie schrumpfte, sie zog sich zusammen, wurde anämisch, alterte und verlor ihre Kraft. Die zivilisatorische Vorkriegszeit war erschöpft und blies die Segel keinen Zentimeter mehr voran. Die Stadt steckte in der Windstille fest und bewegte sich kein bisschen, um ihr Aussehen zu verschönern.

Sie wurde mehr durch die Menschen als durch urbanistische oder architektonische Aspekte hässlich. Der Neue Mensch, das bedeutendste Werk der Partei, war ein Monster, das die einzigartigen Persönlichkeiten und Charaktere dieser Stadt Tag für Tag fraß und verdaute.

Zur Eröffnung der Jahresausstellung der Zweigstelle des Bundes der albanischen Schriftsteller und Künstler, die immer im Rahmen der November-Feierlichkeiten organisiert wurde, kam Er persönlich. Ja, ja, Er, über den geredet wurde, dass er sich auf die Nachfolge des Diktators vorbereite. Er kam pünktlich in Begleitung des Ersten Sekretärs des Kreiskomitees der Partei und anderer lokaler und nationaler Apparatschiks. An der Tür wurden sie vom Vorsitzenden der Kreiszweigstelle des Bundes der Schriftsteller und Künstler gemeinsam mit dem für die Bildenden Künste zuständigen Sekretär empfangen.

Die einzigen Personen, die sich in der Galerie noch vor dem Durchschneiden des Bandes befanden, waren der Fotograf des Komitees, der dieses Ereignis auf Zelluloid verewigen sollte, sowie ein paar Sicherheitsleute, die sich unsichtbar hielten.

Nach Ihm, dem Genossen Erster Sekretär und dem ganzen Gefolge, durften auch wir, die anderen in der Schlange, geräuschlos eintreten. Bloß gut, dass wir schnell drinnen waren, weil es in dem Augenblick anfing, in Strömen zu regnen. Wenn es in Shkodra anfängt zu regnen, kann man vom Sommer nur noch träumen.

Als ich, wie unabsichtlich, in die Nähe der führenden Besuchergruppe kam, merkte ich, dass weder der Vorsitzende noch der Sekretär des Bundes sprachen, sondern der Genosse Erster Sekretär höchstselbst hatte das Wort ergriffen, der Ihm vor einem naturalistischen Bild des historischen Stadtzentrums erklärte:

»Sehen Sie hier das Gebäude? Hier links. Wir lassen es abreißen und gewinnen Raum für eine Straße, die den neuentstandenen Platz mit der Straße verbindet, die...«, und da Genosse Erster Sekretär keinen Bezug auf diesem Bild fand, ging er zu einem etwa zwei Meter weiter hängenden Bild und setzte fort: »Die genau hier verläuft.«

Die Gruppe lief hin und her wie beim Frühsport. Genosse Erster Sekretär erklärte eifrig den städtebaulichen Plan anhand der Bilder.

Auf einmal klatschte während einer theatralischen Pause der Führung ein Regentropfen, der durch das Dach und durch die Decke gesickert war, auf den Fußboden. Genosse Erster Sekretär fing den nächsten sofort auf und erfasste blitzartig, dass sich die Tropfen bei der Regenmenge schnell vervielfachen würden, was in Seinen Augen einen Skandal auslösen könnte. Er gab deshalb dem neben ihm stehenden Sicherheitsmann ein Zeichen. Dieser legte genüsslich seinen Arm um den Fotografen des Komitees und stellte ihn unter die undichte Stelle, so dass die Regentropfen mal auf dessen rechtes und mal auf dessen linkes Ohr fielen.

Und niemand trat vor und war Manns genug, weder von den Älteren, gleichaltrig mit Genossen Erster Sekretär, noch von den Jungen, wie ich, zu sagen: »Schluss jetzt!«

Ich erinnere mich dabei wieder an Kierkegaard, der sagte, dass man nicht dieser oder jener, sondern man selbst sein sollte. Er meinte damit einen Menschen, einen entschlossenen Menschen allein. Allein vor Gott, allein in seinem außerordentlichen Versuch und seiner außerordentlichen Verantwortung.

19

In der Zwischenzeit sind die Helden meiner Kindheit gealtert oder gestorben. In der Stadt liefen nur ein paar verblasste Kopien wie Geister oder wie mit einer zitternden Hand nachlässig gefertigte Repliken.Eine verblasste Kopie einer verblassten Kopie der Idee hatte Platon im siebten Buch der Politeía gesagt.

In der Stadt geschahen jetzt belanglose Dinge. Kleine Widerstände, aber gegen die Falschen und auch noch dilettantisch ausgeführt.

Bixh Lastenträger hatte zum Beispiel für den Vorsitzenden des Parteikomitees einen Ofen ganz allein auf dem Rücken in den dritten Stock hinaufgetragen, und als er dafür eine Entlohnung haben wollte, wies ihm die Frau des Genossen Vorsitzenden die Tür. Er widersetzte sich mit den Worten: »Aber Genossin, ich bin doch kein freiwilliger Helfer.«

Gjon Burija zog auf einer Hochzeit dem Onkel des Bräutigams den Stuhl weg, nachdem dieser aufgestanden war, um dem

Brautpaar Glückwünsche auszusprechen und die Gäste zu begrüßen.

So ein Verhalten kitzelte das System nur. Es vermittelte ihm das Gefühl, am Leben und im ständigen informellen Kontakt mit den Massen zu sein.

»Kennst du jemanden, der uns einen Napoleondor besorgen kann? Ich habe einen Bekannten aus Durrës, sein Vater ist Seemann auf dem Überseedampfer ›Vlora‹. Wenn wir ihm einen Napoleondor zahlen, bringt er uns zwei Armbanduhren. Ich gebe dir dann Lek dafür«, schlug Aleks vor.

Der Napoleondor wurde damals auf dem Goldschwarzmarkt entwertet, damit den Machthabern auch noch die restlichen in die Taschen gespült wurden.

Mein Vater und ich holten vom Dachboden über unserem großen zweitürigen Zimmer einen Napoleondor von sechs Gramm Gewicht. Wir warteten, bis es dunkel geworden war, und trugen unsere Doppelleiter aus dem Stall. Falls jemand im Haus gefragt hätte, was wir damit vorhaben, hätten wir geantwortet, dass wir Dachziegel reparieren wollen. Zuerst stieg er auf die Leiter. Er öffnete die Falltür und gab mir ein Zeichen, dass ich hinaufklettern soll. Er schaltete eine Taschenlampe an und irgendwo hinter dem dritten Balken links zog er eine Blechschachtel hervor und holte ein Tuch heraus, in dem sechs Napoleondor eingewickelt waren.

»Das ist alles, was wir haben«, wandte er sich zu mir, »damit du weißt, wo sie sind, wenn ich nicht mehr da bin.«

In diesem Augenblick hatte ich das Gefühl, dass ich erwachsen wurde. Ja, ich war jetzt erwachsen. Mein Vater vertraute mir Geheimnisse an, von denen er nie zuvor etwas verlauten ließ. Er drückte mir einen Napoleondor in die Hand und beeilte sich, nach unten zu kommen und die Leiter wieder im Stall zu verstauen. Ich schloss die Zimmertür hinter ihm.

Ich halte eine Goldmünze in der Hand. Ich betrachte sie. Auf einer Seite ist das Profil des Königs in Uniform und auf der anderen der zweiköpfige Adler mit dem Skanderbeg-Helm darüber. Um das Profil des Königs herum stehen die Lettern ZOGV.I. ALBAN. REX und darunter klein der Name des Graphikers G. Romagnoli, 1928, und ... ich gab sie Aleks. Mein Studienbeginn an der Uni rückte näher, und ich hatte keine Uhr.

Ich war allein im großen Zimmer und hielt eine Goldmünze in der Hand. Ich sah aus dem Zimmer und etwas kam mir wie ein Déjà-vu vor. Es ist derselbe Mann in demselben gestreiften Pyjama, aber er sitzt nicht unter dem Feigenbaum und stickt nicht mit einem Stickrahmen.

Frederik Rreshpja, der Dichter, ist nach der zweiten Freiheitsstrafe entlassen worden und liegt auf dem Holzfußboden in seinem leeren Zimmer. Er liegt auf dem Bauch genau in der Zimmermitte. Er hat die Ellenbogen auf den Fußboden aufgestützt. In einer Hand hält er seinen Kopf und mit der anderen blättert er in einem Buch, das stolz vor ihm liegt...

Ein paar Zentimeter vor dem Buch spendet ihm eine Petroleumlampe Licht...

20

»Pjerin braucht ein Französischwörterbuch. Kannst du ihm eins besorgen? Der Preis spielt keine Rolle«, waren die Worte von Neta, der Frau von Jak von der Tante. »Er soll irgendwas übersetzen und dafür braucht er das.«

Neta sprach von ihrem Bruder, der zum Tode durch Erschießen verurteilt worden war, dann wurde das Urteil in eine lebenslange Freiheitsstrafe und schließlich zu fünfundzwanzig Jahren umgewandelt. Wenn man den Nachschlag von zehn Jahren hinzurechnet, bekam er rund fünfunddreißig Jahre. Wie leicht sind Jahre in Ziffern zu schreiben. Eine drei und eine fünf ergeben fünfunddreißig. Aber wenn es Gefängnisjahre sind?!

Soeben war der Micro Robert erschienen, das Französischwörterbuch mit etwa zwanzigtausend Stichwörtern und Wendungen, und ich lief los, um es zu kaufen, obwohl es rund fünfhundert Lek kostete. Ich brachte es Neta, und sie schickte es irgendwann ihrem Bruder nach Burrel ins Gefängnis.

Ich war neugierig zu erfahren, wie Netas Bruder das Wörterbuch findet und ob es ihm wirklich nützt, und aus irgendeinem Grund fühlte ich mich, als hätte ich eine mutige Handlung vollbracht.

Bei diesen Gedanken höre ich das Motorrad meines Vaters. Ich sehe auf meine Armbanduhr. Eine sowjetische »Sil«, mit blauem Zifferblatt, über deren Preis ich mich lieber nicht weiter auslasse... Halb zehn am Vormittag. Etwas ist passiert. Für den Feierabend ist es noch zu früh. Er ist ja erst vor zwei, drei Stunden zur Arbeit gefahren.

Er kam ins Schlafzimmer und sagte mit einem Anflug von Lächeln, dass Enver Hoxha gestorben ist. Er trug mir auf, zu Hause zu bleiben, bis sich die Lage beruhigt hat.

»Als Stalin 1953 gestorben ist«, erinnerte er sich, »wurden unzählige Menschen eingesperrt, nur weil sie lachend gesehen wurden.«

Bevor er wieder ging, drehte er sich in der Tür noch einmal um und erzählte mir, dass er Neta getroffen und von ihr erfahren hatte, dass ihr inhaftierter Bruder ein viel größeres Wörterbuch benötigt.

Ich hatte gedacht, dass zwei Wünsche gleichzeitig erfüllt wurden, aber das stimmte nicht. Dem Wunsch des armen Pjerin war es nicht vergönnt gewesen, in Erfüllung zu gehen, dem Wunsch von Enver hingegen ja.

Enver Hoxha konnte sich am Ende seinen Traum verwirklichen. Er ist im Bett gestorben. Einen natürlichen und schmerzfreien Tod. Langsam und bei Bewusstsein. Mit ein paar geheim gehaltenen und sorgfältig kaschierten Symptomen, damit sie außer der nächsten Angehörigen niemand mitbekam.

Ich bin hinausgegangen, weil ich nicht einmal angekettet zu Hause geblieben wäre.

Ich rannte zu Aleks. Er wusste noch von nichts, weil die offizielle Nachricht anscheinend erst um 11 Uhr ausgestrahlt werden würde, nachdem geklärt worden war, dass die Lage vollkommen unter Kontrolle ist und keine Gefahr durch außerordentliche Umstände droht.

»Ich will das Geld für die Uhr nicht, Aleks. Lade mich zu einem guten Mittagessen ein und dann besaufen wir uns.«

21

»Lazër! Lazër! Ich kann wieder sehen, Lazër! Lazër! Ich kann wieder sehen!«, rief Onkel Gjon in seinem Zimmer aus voller Kehle.

Onkel Gjon, der Bruder meiner Oma und der Tante Age, der genau in dem Augenblick aufgehört hatte zu sehen, als der Fernseher zu uns kam. Mein Vater und ich stürmten in sein Zimmer. Hinter uns folgten Mami und meine Schwester. Zum Glück war es Sonntag, und wir waren alle zu Hause. Wir aßen gerade Reis mit Schmorfleisch und tranken einen Schluck Wein dazu.

Onkel Gjon war aus dem Bett aufgestanden. Er war halb angezogen. Sein ganzes Gesicht strahlte und er wiederholte, dass er wieder sehen kann.

»Ich kann wieder sehen, Lazër! Lazër! Ich sehe wieder! Merkst du das? Ich kann alles sehen. Ganz klar und deutlich…«

Wir schauten einander an, ohne ein Wort zu sagen, als hätten wir befürchtet, durch unsere Anwesenheit diesen kostbaren Augenblick zu stören. Nur mein Vater fragte den Onkel behutsam:

»Was siehst du dort, Onkel, wo du gerade stehst?«

»Wo ich gerade stehe? Aber das siehst du doch auch… Ich stehe an der Kathedrale«, wunderte er sich über meinen Vater und sah mit weit aufgerissenen Augen ruhig vor sich.

»An der Kathedrale?!!!!«

»Ja. An der Kathedrale… Die Messe ist zu Ende und ich möchte wieder nach Hause. Geht das?«

»Aber klar geht das, Onkel«, versicherte ihm sanft mein Vater, nahm ihn am Arm, führte ihn zum Bett und half ihm vorsichtig beim Hinlegen.

»Esst weiter.« Er schickte uns aus dem Zimmer. »Ich bleibe hier beim Onkel.«

Wir drei setzten uns wieder in die Küche und aßen schweigend zu Ende.

»Jeder wird verrückt auf seine Art…«

»Wer hat es gesagt?«

»Wer hat es gesagt?!«

»Wer hat gesagt, dass jeder verrückt wird auf seine Art?!!!«

»Ich wollte es als erster sagen, aber … habe ich es nicht gesagt?!«

»Hat Mami es gesagt?

»Hat meine Schwester es gesagt?!«

»He! Wer hat es gesagt, dass jeder verrückt wird auf seine Art?!«

Keine Antwort. Nur das Kratzen des Bestecks auf den Tellern, wie ein Fragment eines Konzerts moderner Musik.

LESEN SIE WEITER

Tilman Spengler
MADE IN CHINA
Roman

Ein Slapstick der Gesten und Ideen, der die Leser ohne jede Schwere mit dem Aberwitz vertraut macht, der auch in der realen Welt existiert. Der Reiz dieser Groteske ergibt sich nicht zuletzt daraus, dass man sich nie sicher sein kann, was von deren absurden Fügungen denn nun fiktiv ist und was tatsächlich stimmt. Es ist eine Parabel auf das heutige China, auf dessen Staatsziel des ›Großen Aufblühens der chinesischen Nation‹, auf die allgegenwärtige Fake-Kultur, hinter der staatliche Korruption ebenso stecken kann wie der Selbstbehauptungswillen der kleinen Leute, auf den Markt, der alles antreibt.«

Mark Siemons, FAZ

240 Seiten, gebunden mit Schutzumschlag. ISBN 978-3-88747-382-2